やさしい 園で使える 器楽合奏大全集

芦川登美子 編著

自由現代社

園で使える やさしい 器楽合奏大全集

The easy instrumental music concert big complete series which can be used at a garden

 もくじ

曲名	ページ
トルコ行進曲（ベートーベン）	6
クシコスポスト	10
おもちゃのチャチャチャ	13
おんまはみんな	16
とんでったバナナ	19
威風堂々	22
ありがとうの花	26
さんぽ　〜映画「となりのトトロ」より〜	30
君をのせて　〜映画「天空の城ラピュタ」より〜	34
となりのトトロ	43
夢をかなえてドラえもん	50
アンパンマンのマーチ	57
世界中のこどもたちが	64
宇宙戦艦ヤマト	67
にんげんっていいな　〜TV「まんが日本昔ばなし」より〜	74

曲名	ページ
勇気 100％　〜TV「忍たま乱太郎」より〜	78
南の島のハメハメハ大王	86
おもちゃのマーチ	90
もろびとこぞりて	93
ゆき	96
おめでとうクリスマス	99
きよしこの夜	104
あわてんぼうのサンタクロース	106
きたかぜこぞうのかんたろう	110
おもいでのアルバム	113
ビリーブ	116
ひまわりの約束　〜映画「STAND BY ME ドラえもん」より〜	122
風になりたい	128
銀河鉄道 999	134
あしたははれる	140
ジュピター　〜組曲「惑星」より〜	145
天国と地獄	150
ハンガリー舞曲 第 5 番	156
みんなともだち	161
ともだちはいいもんだ	168
ありがとう・さようなら	172
よろこびのうた	176
ともだちになるために	184
さよならぼくたちのほいくえん	188

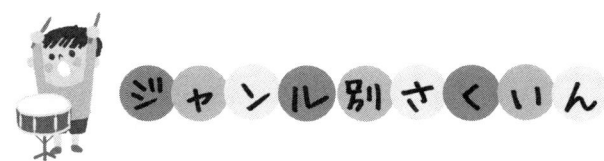

【アニメ・TV、ヒットソング】

- あしたははれる……………… 140
- アンパンマンのマーチ……………… 57
- 宇宙戦艦ヤマト……………… 67
- 風になりたい……………… 128
- 君をのせて……………… 34
- 銀河鉄道999……………… 134
- さんぽ……………… 30
- となりのトトロ……………… 43
- にんげんっていいな……………… 74
- ひまわりの約束……………… 122
- 勇気100%……………… 78
- 夢をかなえてドラえもん……………… 50

【クラシック】

- 威風堂々……………… 22
- クシコスポスト……………… 10
- ジュピター ～組曲「惑星」より～……………… 145
- 天国と地獄……………… 150
- トルコ行進曲（ベートーベン）……………… 6
- ハンガリー舞曲 第5番……………… 156

【入卒園のうた】

- ありがとう・さようなら……………… 172
- ありがとうの花……………… 26
- おもいでのアルバム……………… 113
- さよならぼくたちのほいくえん……………… 188
- 世界中のこどもたちが……………… 64
- ともだちになるために……………… 184
- ともだちはいいもんだ……………… 168
- ビリーブ……………… 116
- みんなともだち……………… 161
- よろこびのうた……………… 176

【童謡・季節のうた】

- あわてんぼうのサンタクロース……………… 106
- おめでとうクリスマス……………… 99
- おもちゃのチャチャチャ……………… 13
- おもちゃのマーチ……………… 90
- おんまはみんな……………… 16
- きたかぜこぞうのかんたろう……………… 110
- きよしこの夜……………… 104
- とんでったバナナ……………… 19
- 南の島のハメハメハ大王……………… 86
- もろびとこぞりて……………… 93
- ゆき……………… 96

本書の特徴

★使用楽器について

本書の楽譜にはそれぞれ、使用楽器と構成人数が掲載されいてます。

●使用楽器
曲のはじめに曲内で使用される楽器がまとめて表記してあります。また2段目以降の楽譜には、楽譜左端にパートの楽器がアイコンで表記されています。

●構成人数
掲載されている人数は最低人数の目安です。必ずしもこちらに合わせる必要はありません。園の規模、園児の状況に合わせて御活用ください。

★レベル、アレンジについて

●レベル
各曲、難易度の目安を付けています。

- LEVEL ★　…2歳からできるように楽器も少なめで、かなりやさしめのアレンジです。
- LEVEL ★★　…3歳以上に向いているアレンジです。
- LEVEL ★★★　…4〜5歳向けの、発表会でも聴きごたえのある少し難しめのアレンジです。

●【クラスに合わせたアレンジ】について
上記レベルの楽譜を、やさしくしたり、少しレベルを上げたりするアレンジ方法を掲載しています。演奏したい曲のレベルが合わない場合でも、こちらを参考にして頂くと、演奏が可能になる場合もございますので、ご活用ください。

トルコ行進曲（ベートーベン）

作曲：LUDWIG VAN BEETHOVEN

演奏のポイント

とても速い曲です。ピアノが引っ張る演奏となります。鈴がリズム通りで手が疲れて難しければ、カスタネットと同じでも構いません。繰り返しが大変でしたら、なしで始めてみましょう。

クラスに合わせたアレンジ

3歳以上なら、メロディ楽器が欲しいですね。ピアノの音の装飾音符をとれば、鍵盤ハーモニカ、鉄琴、木琴で演奏できます。4小節づつで分担しましょう。

使用楽器： 鈴 x3〜　タンバリン x2〜　カスタネット x3〜　トライアングル x1〜

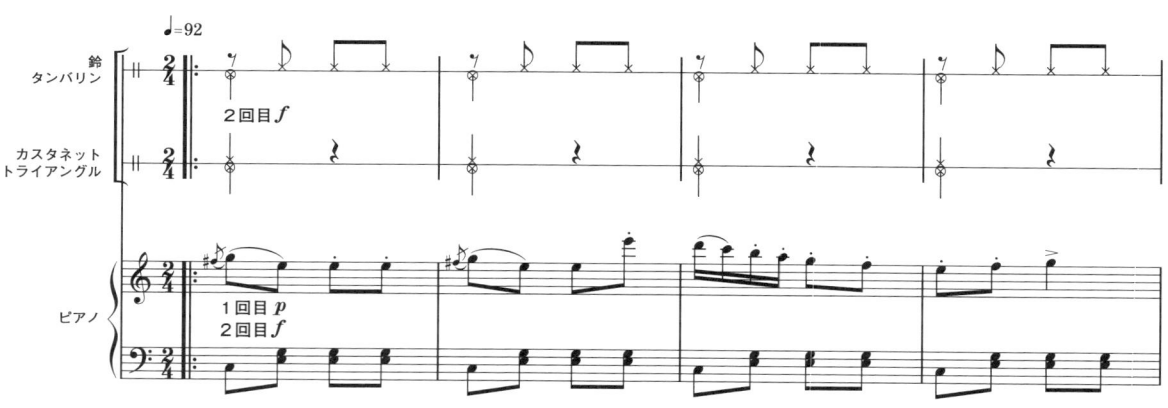

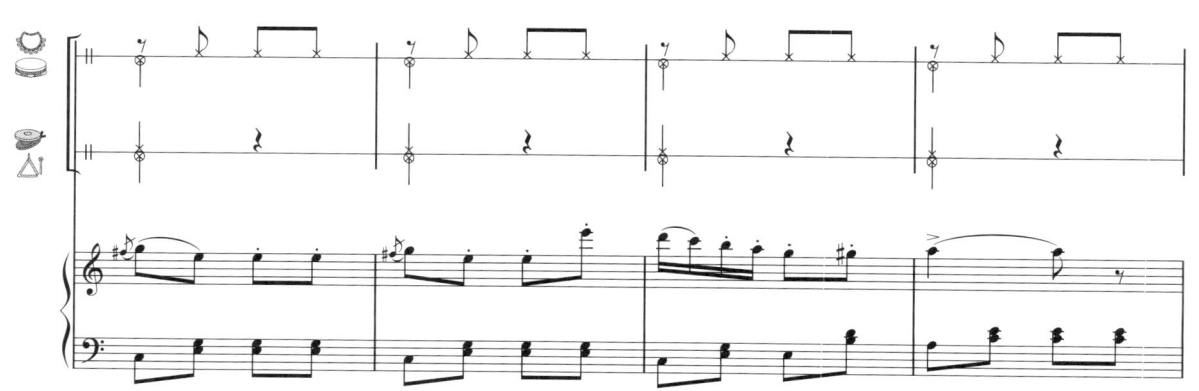

トルコ行進曲

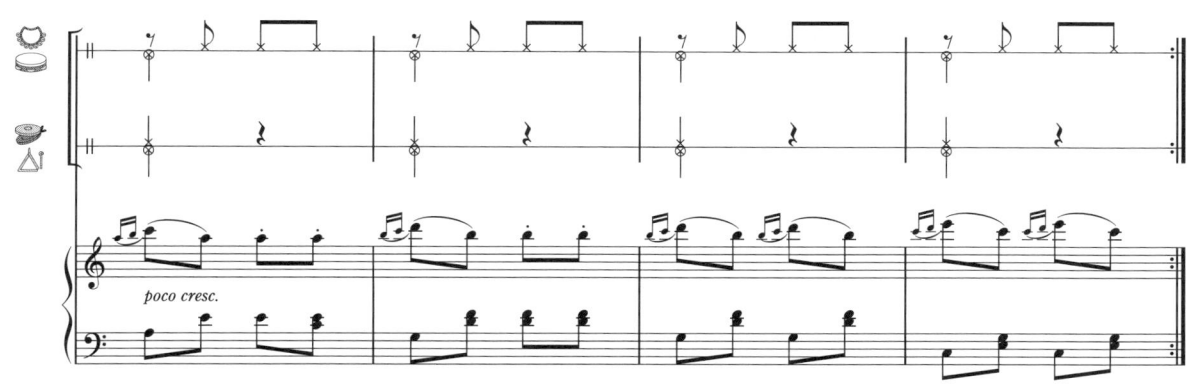
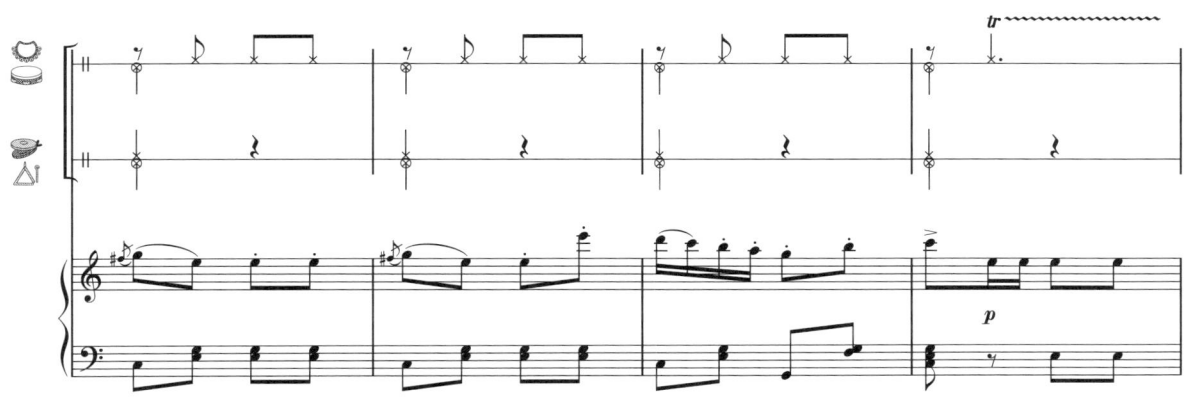

トルコ行進曲

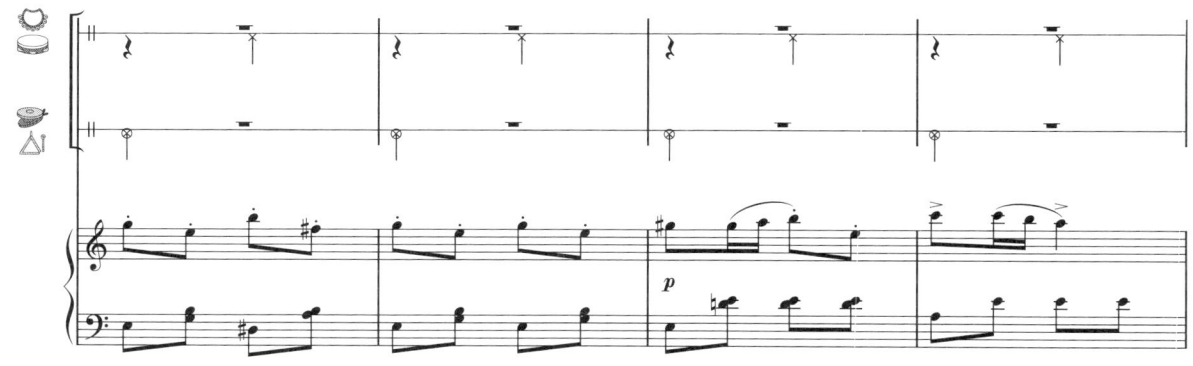
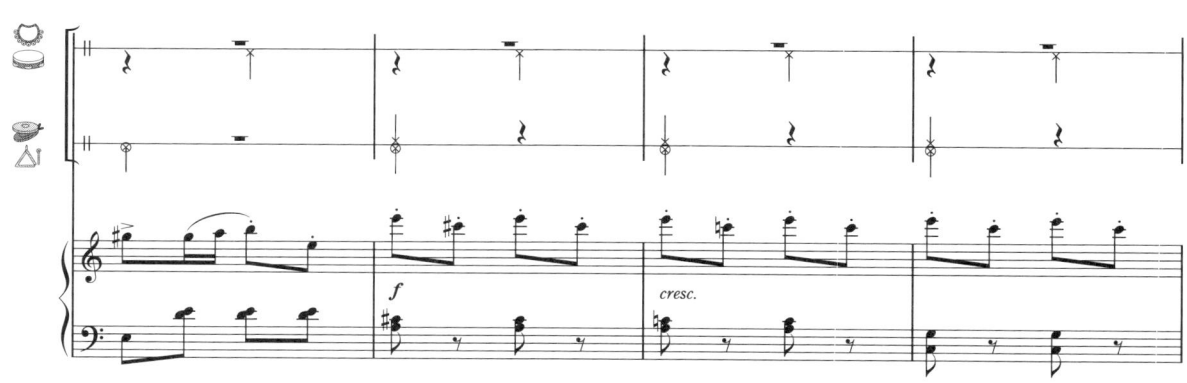
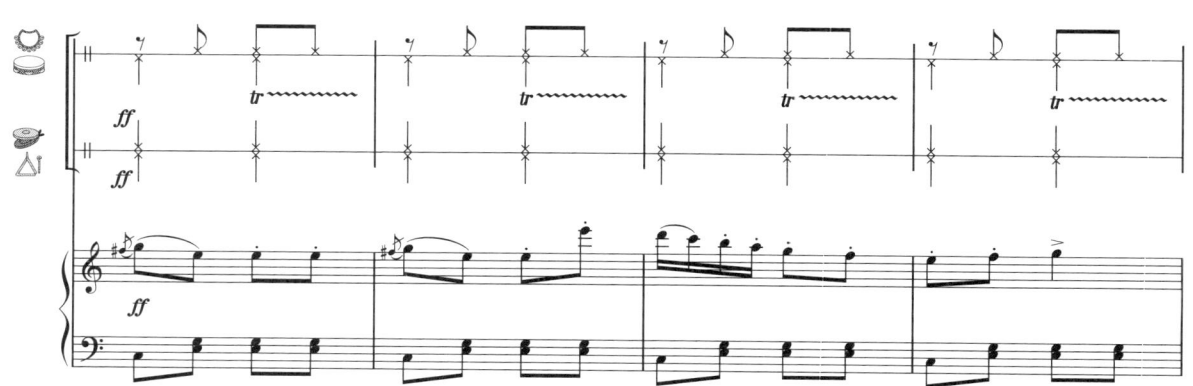

トルコ行進曲

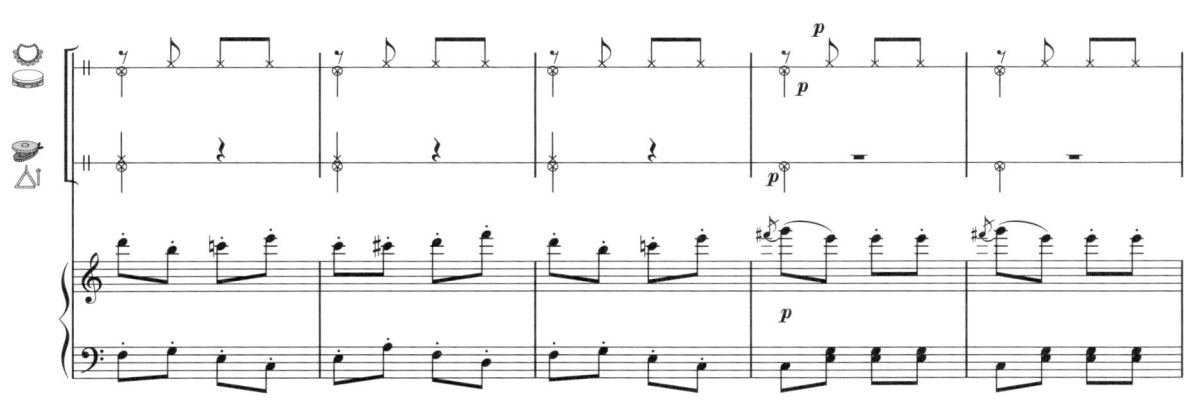

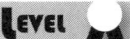

クシコスポスト

作曲：NECKE HERMANN

 演奏のポイント

とても速い曲です。2歳児では八分音符で演奏するのは難しいので、ほとんど四分音符にしました。その分、強弱を指示通りできると、曲にメリハリが付きます。

 **クラスに合わせたアレンジ**

3歳児はトライアングルパートを大太鼓で、カスタネットを小太鼓で、タンバリンをシンバルでそれぞれ演奏できます。
また、ピアノのメロディをひろって、鍵盤ハーモニカなどでも演奏すると、4歳児以上でも演奏できます。

 鈴 x3〜 タンバリン x2〜 カスタネット x3〜 トライアングル x1〜

クシコスポスト

クシコスポスト

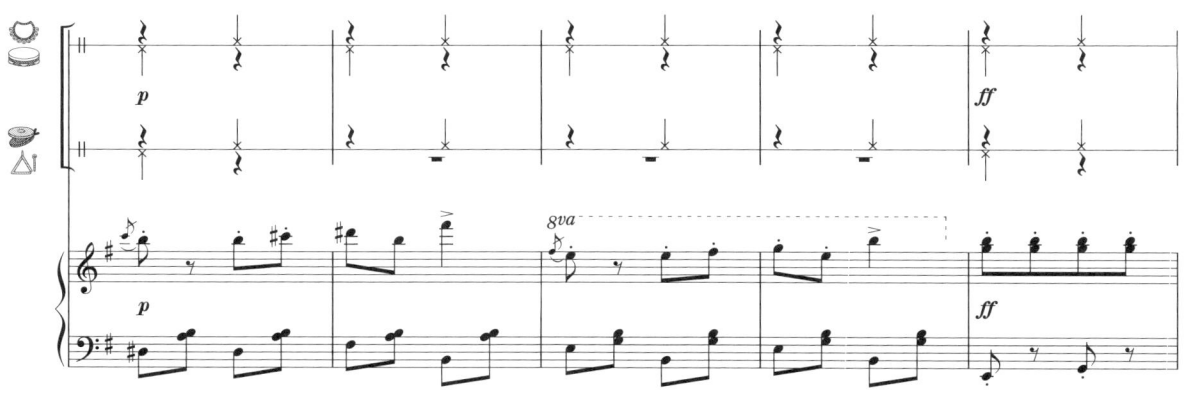

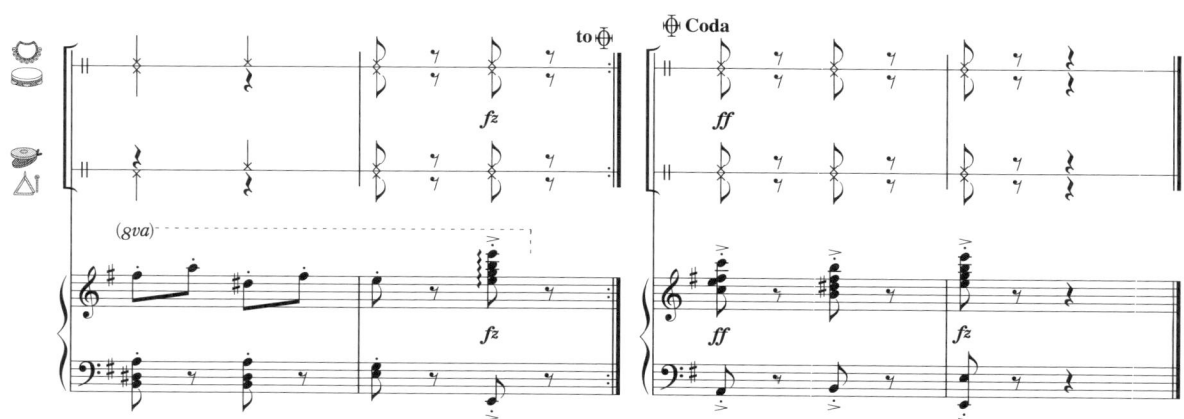

おもちゃのチャチャチャ

作詞：野坂昭如／補詞：吉岡 治／作曲：越部信義

演奏のポイント

「チャチャチャ」の明るく、軽快なリズムが特徴です。4拍子で音が多いので、重くならないようにしましょう。

 クラスに合わせたアレンジ

難しいようであれば、「チャチャチャ」の擬音のみ、歌のリズム通り打っても良いでしょう。また、鈴が1小節に「♬」のみ入るところは、曲の雰囲気に合わせて軽く打ちましょう。

おもちゃのチャチャチャ

おもちゃのチャチャチャ

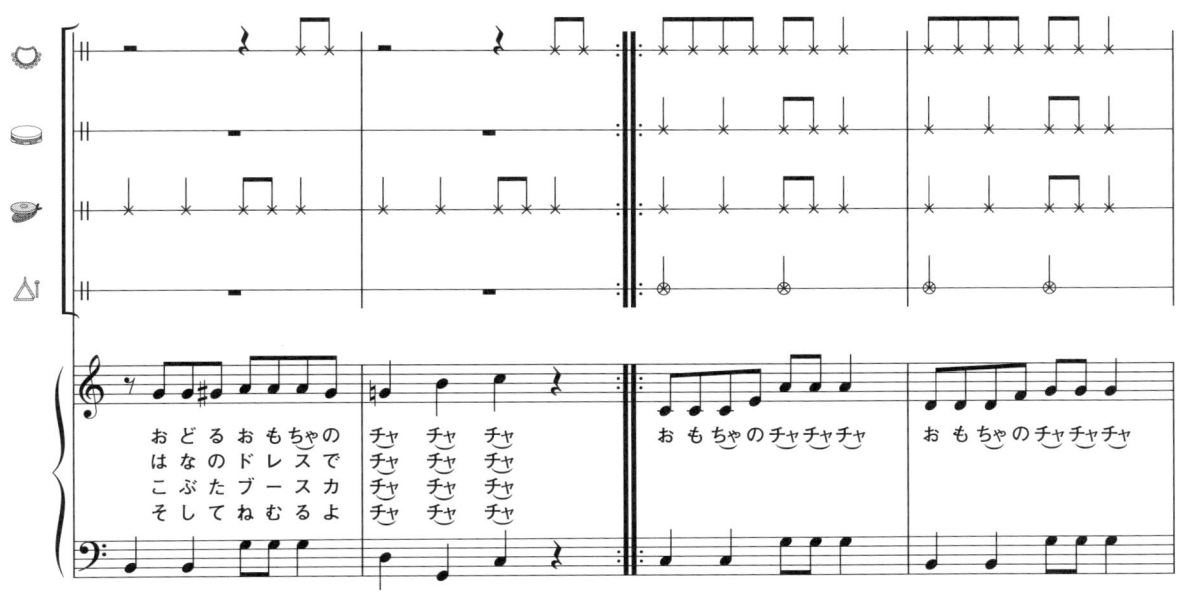
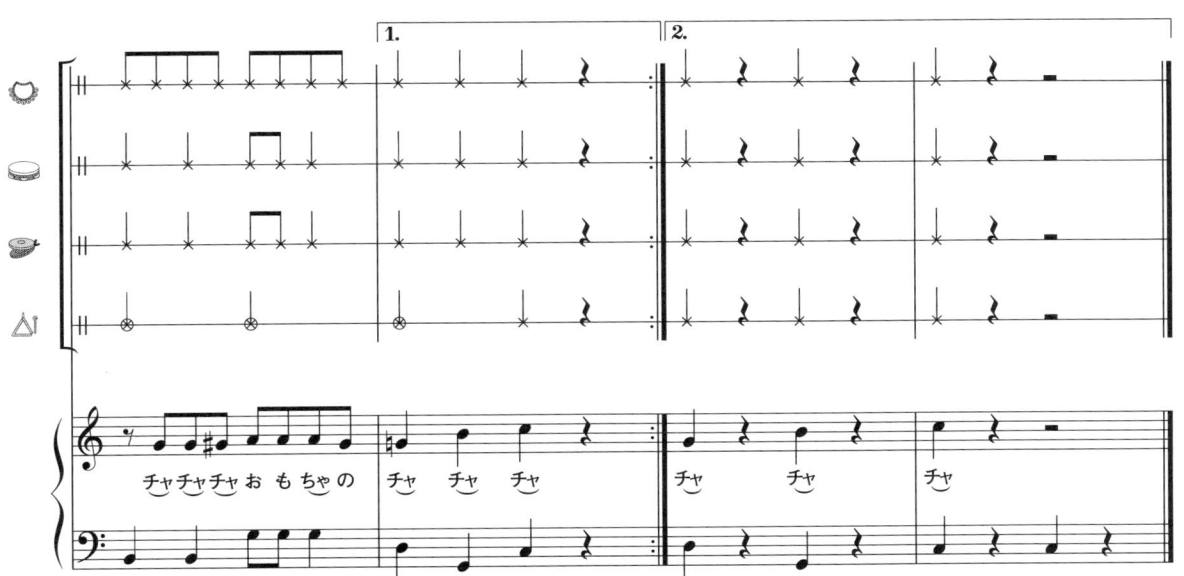

おんまはみんな

作詞：中山知子／アメリカ民謡

 演奏のポイント

馬のはねる様子を出すため、鈴・小太鼓は軽く鳴らしましょう。テンポが速いので、大きく2拍子にとって軽快に演奏しましょう。

 **クラスに合わせたアレンジ**

4歳児は鍵盤ハーモニカを入れて、ピアノ伴奏の右手メロディを演奏しても良いですね。♭、♯がありますが、頑張ってください。

おんまはみんな

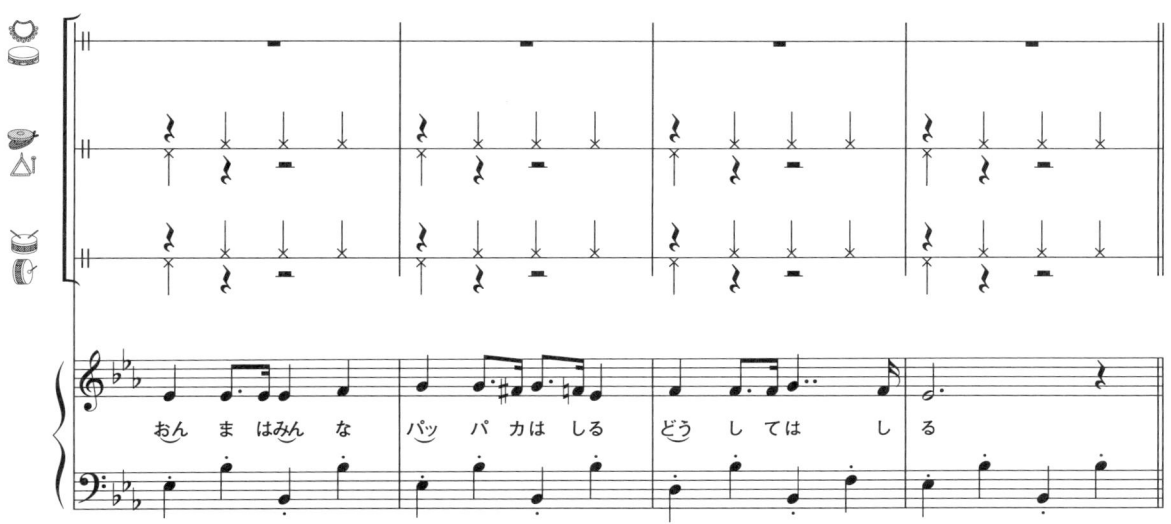

おんまはみんな

LEVEL

とんでったバナナ

作詞：片岡 輝／作曲：櫻井 順

 演奏のポイント

6カッコの鍵盤ハーモニカの和音は、人差指と中指を使うと弾きやすいです。また大太鼓最後の4拍目は左手で鼓面を押えて音を消します。**(使用楽器はP.20に)**

 **クラスに合わせたアレンジ**

4歳児は木琴、鉄琴を入れて、ピアノ伴奏の右手メロディを演奏してみましょう。小太鼓も同じく左手の伴奏リズムを取り入れても良いです。

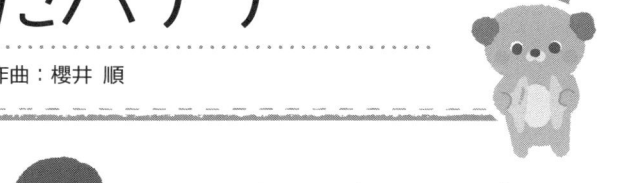

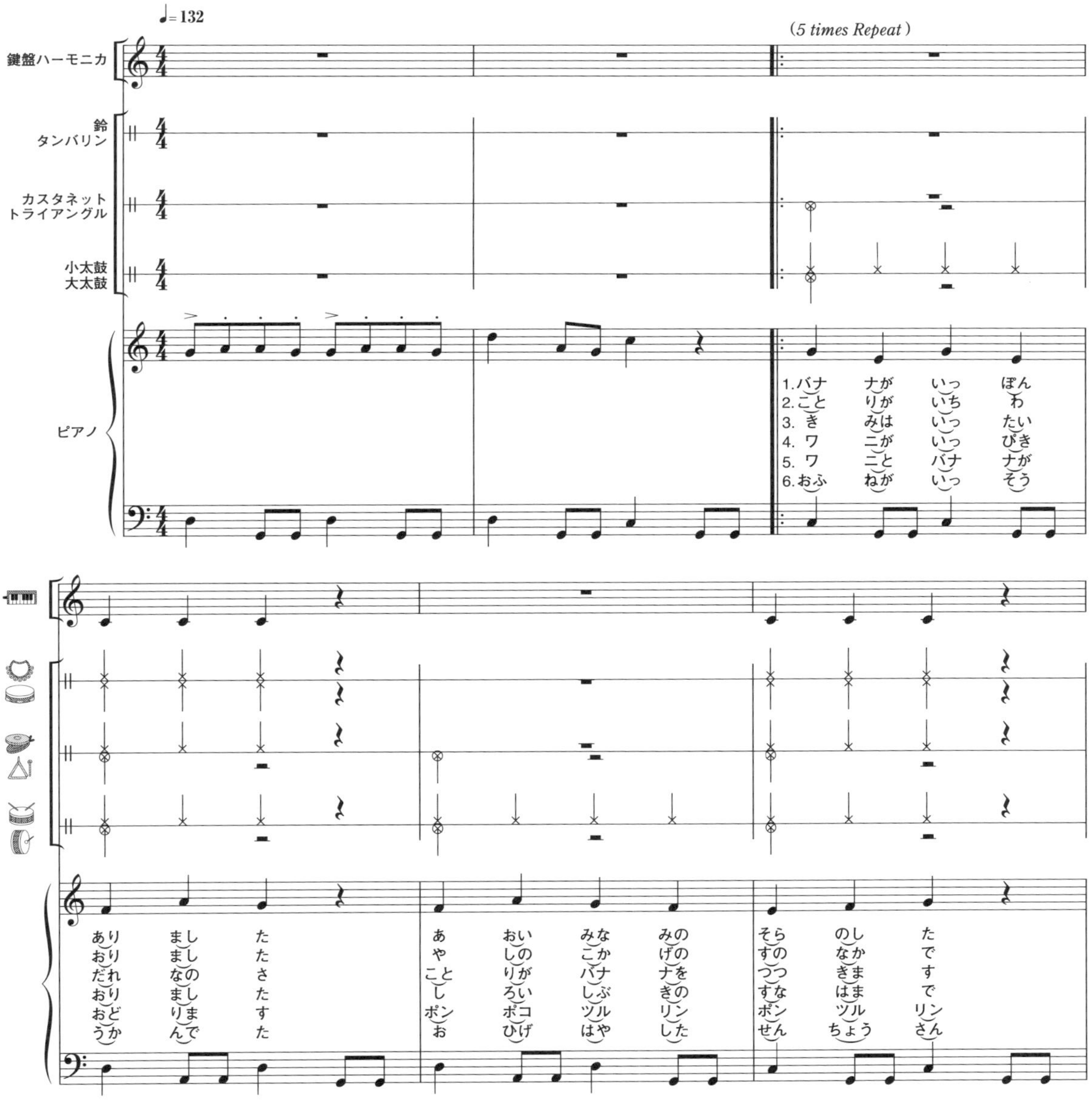

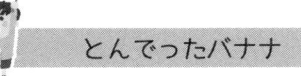
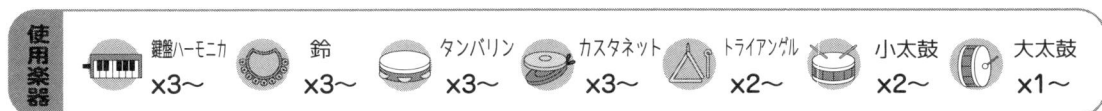
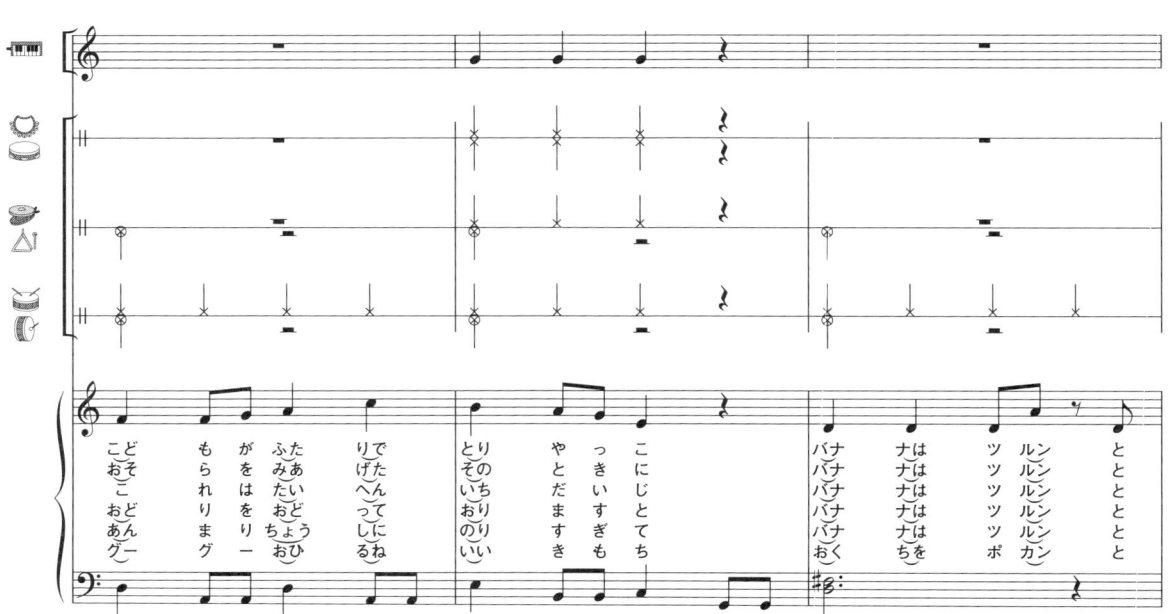

とんでったバナナ

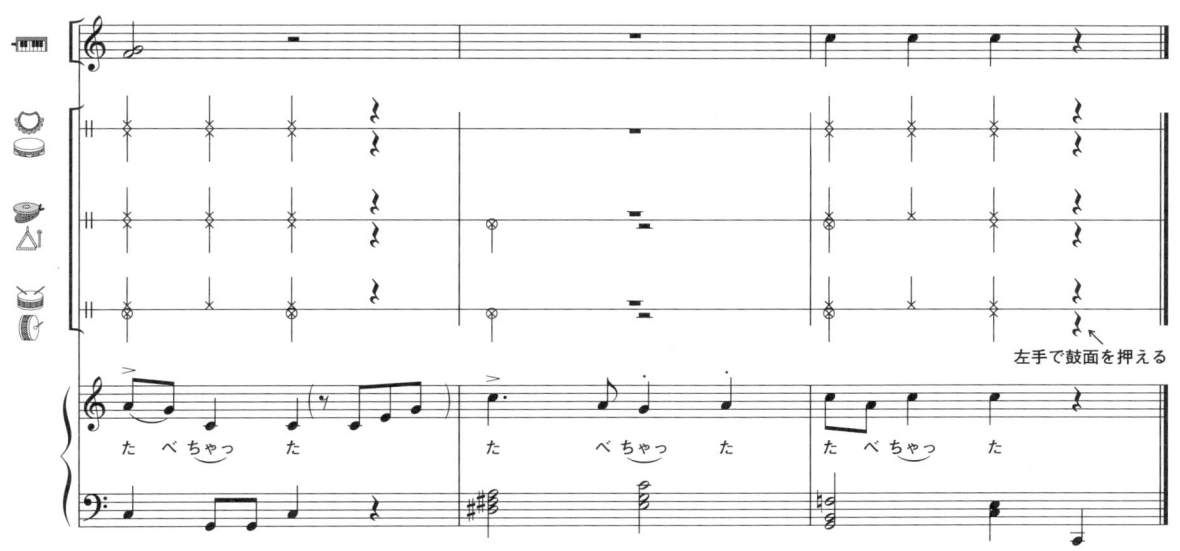

LEVEL

威風堂々

作曲：ELGAR EDWARD

 演奏のポイント

メロディのメインを鉄琴が担当しています。楽器があれば2名は欲しいです。また、曲が繰り返してからは打楽器が活躍します。行進曲としても演奏される面を出すため、小太鼓も2名いるといいですね。
リズムの縦の線がピシッと決まるように、ピアノ伴奏の左手の音を意識して練習しましょう。

 クラスに合わせたアレンジ

4歳児以上は、鍵盤ハーモニカで鉄琴のパートをフォローしましょう。
また、難しい場合は、鈴、タンバリンのみを残して、カスタネット、トライアングルで各々、鈴、タンバリンのパートを演奏しても良いです。

使用楽器：
- 鉄琴 x2〜
- 木琴 x2〜
- 鍵盤ハーモニカ x4〜
- シンバル x1〜
- 鈴 x3〜
- タンバリン x3〜
- 小太鼓 x2〜
- 大太鼓 x1〜

威風堂々

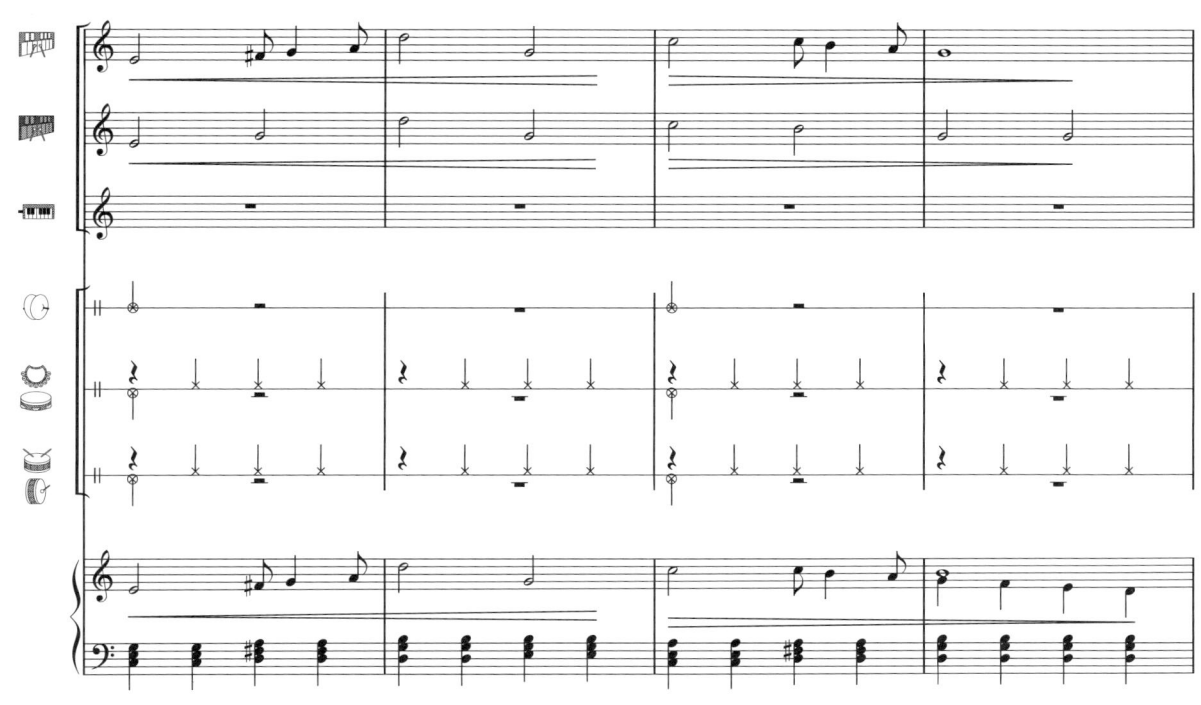

威風堂々

威風堂々

ありがとうの花

作詞／作曲：坂田おさむ

LEVEL

演奏のポイント

小規模編成の合奏に向いています。メロディはリズムを強調せず、音を大切に、やさしい気持ちで紡ぎましょう。ƒでも打楽器は叩くという意識は持たず、曲調を大切に。心の中で歌うと良いです。

クラスに合わせたアレンジ

難しい場合は、メロディ楽器は鍵盤ハーモニカだけにしましょう。グループに分けて吹いてもいいでしょう。

使用楽器

 鉄琴 x1〜　 木琴 x2〜　 鍵盤ハーモニカ x3〜　 シンバル なし　 鈴 x2〜

 タンバリン x2〜　 カスタネット x2〜　 トライアングル x1〜　 小太鼓 x1〜　大太鼓 x1〜

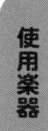

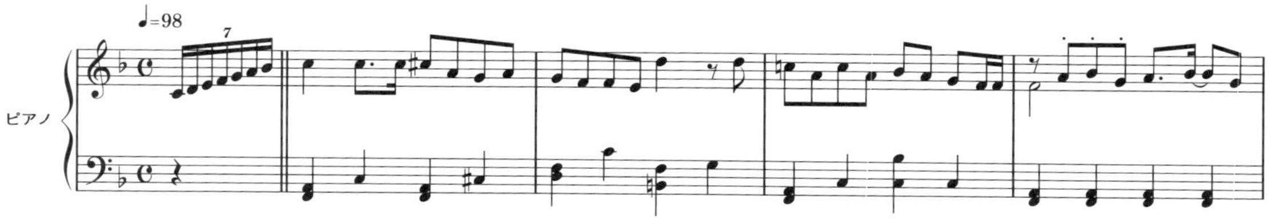

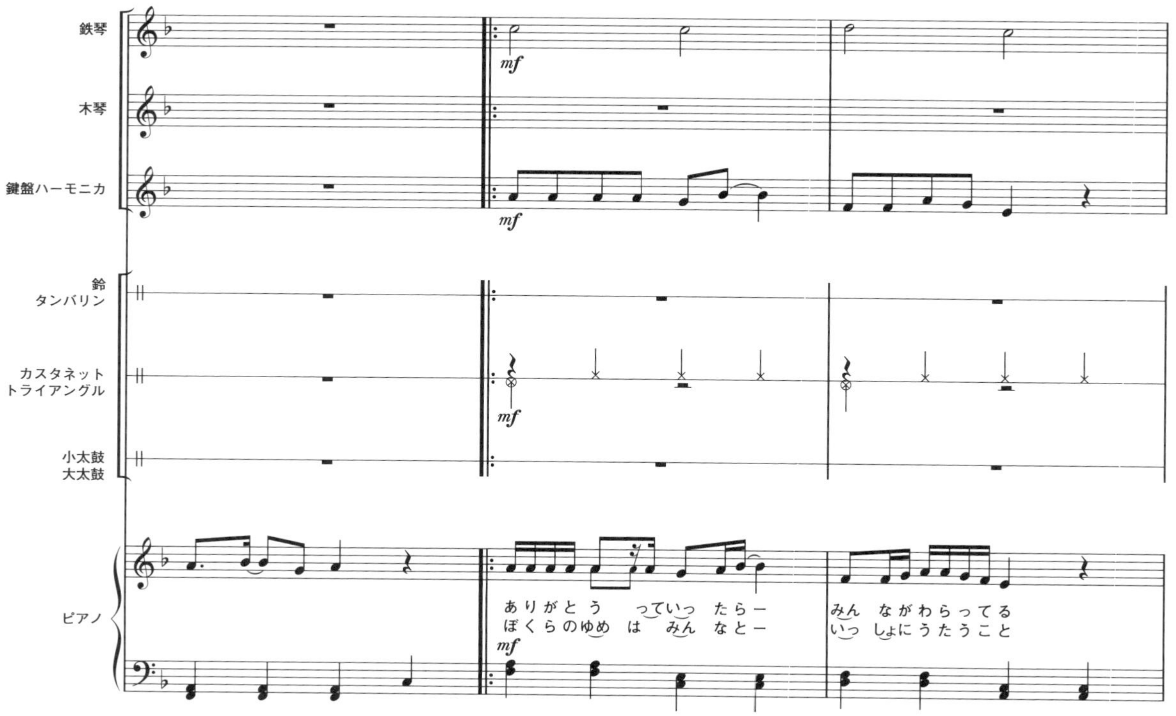

ありがとう　っていっ　たらー
ぼくらのゆめ　は　みんなとー

みんながわらってる
いっしょにうたうこと

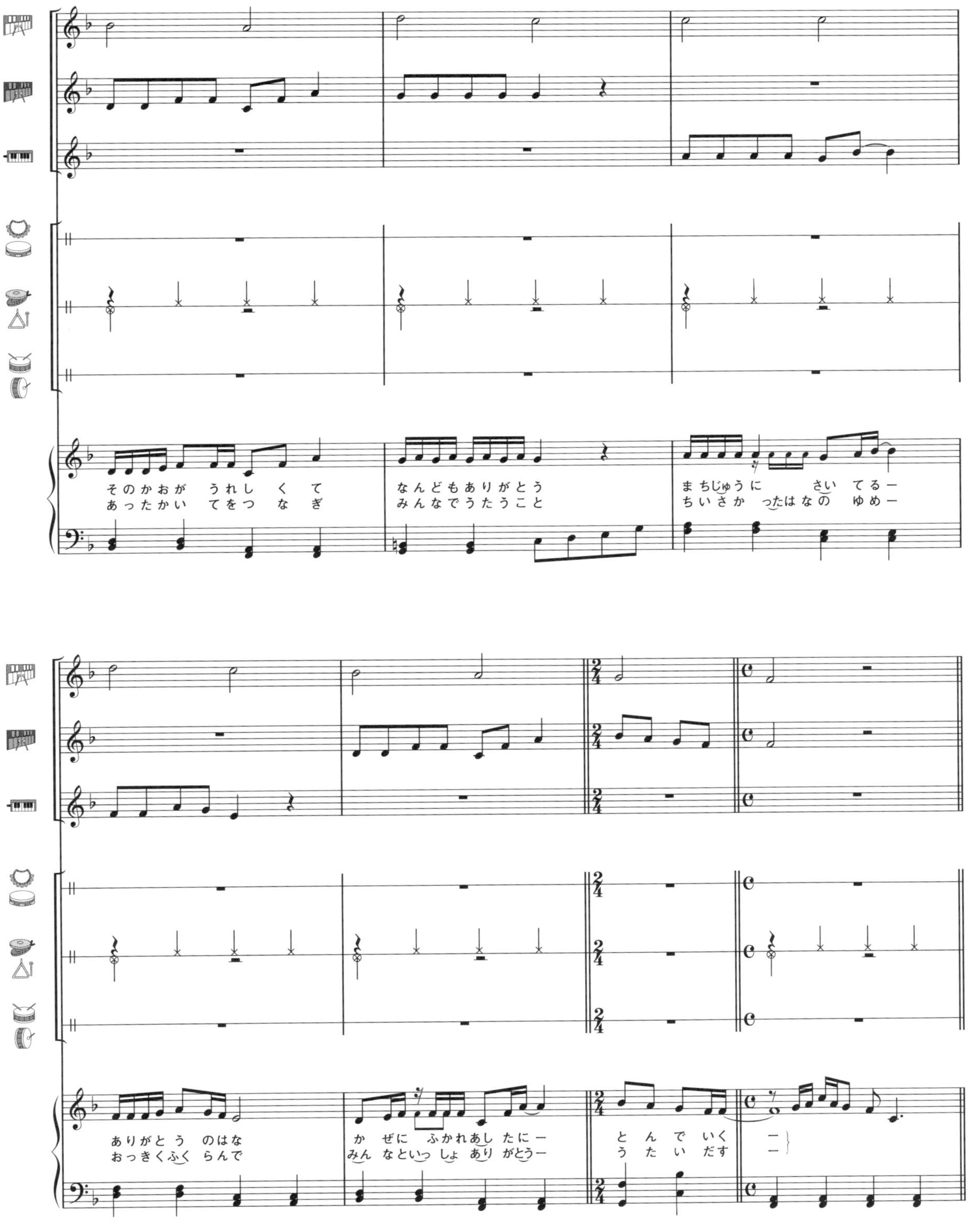

ありがとうの花

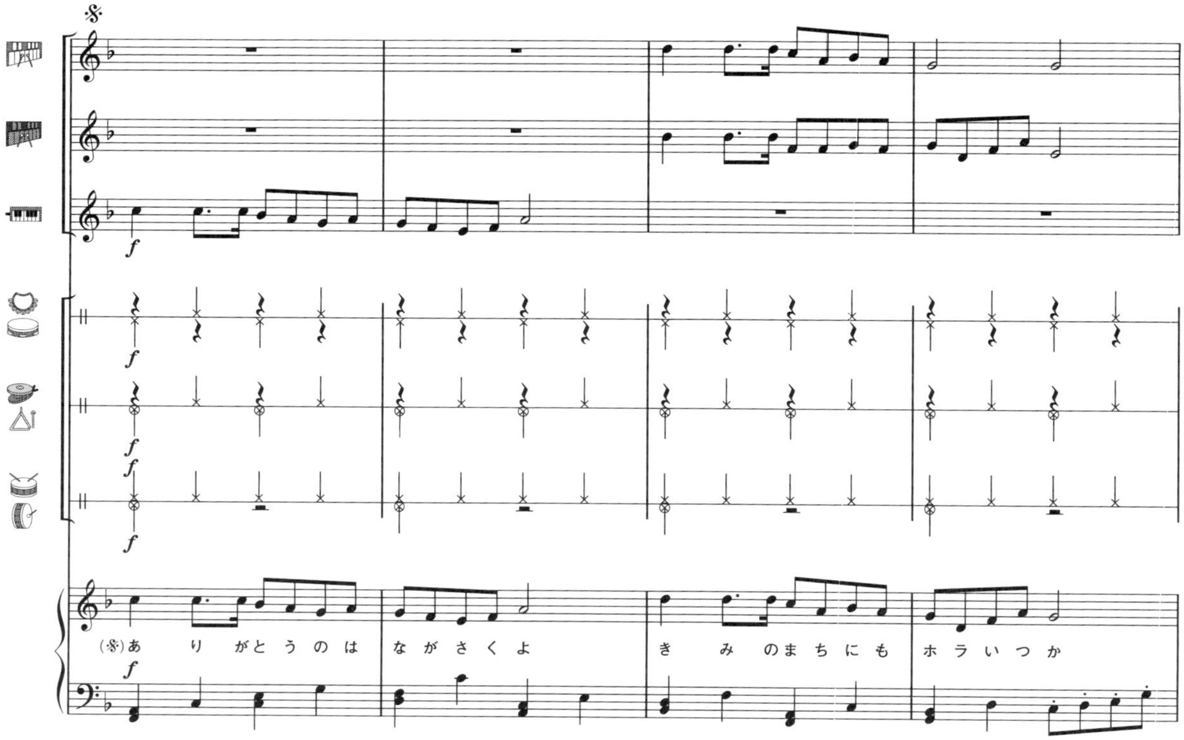

ありがとうの花

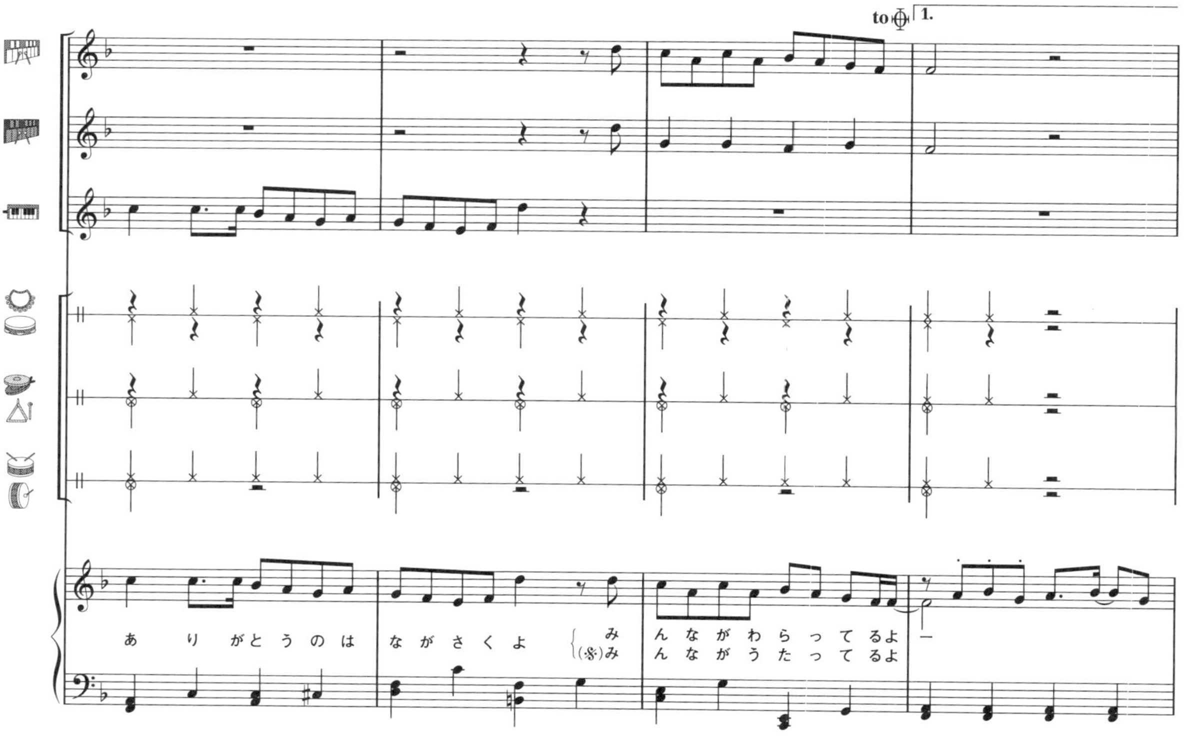

ありがとうの花

LEVEL

さんぽ

作詞：中川李枝子／作曲：久石 譲

 **演奏のポイント**

各々の担当楽器はもちろん、他の楽器の音もよく聴くようにしましょう。打楽器担当のこどもは、歌いながら演奏しても音楽が広がって良いです。
この曲は長い曲ですので、集中力と持続力が必要になります。根気良く頑張りましょう。

 **クラスに合わせたアレンジ**

3歳児は大太鼓は難しいかもしれませんので、除いても構いません。
また、トライアングルは小節の頭だけ打っているので、そのパートを他の小打楽器に変えても良いです。

使用楽器

鉄琴 x1〜	木琴 x1〜	鍵盤ハーモニカ x3〜	シンバル なし	鈴 x3〜
タンバリン x3〜	カスタネット x3〜	トライアングル x2〜	小太鼓 x1〜	大太鼓 x1〜

30

さんぽ

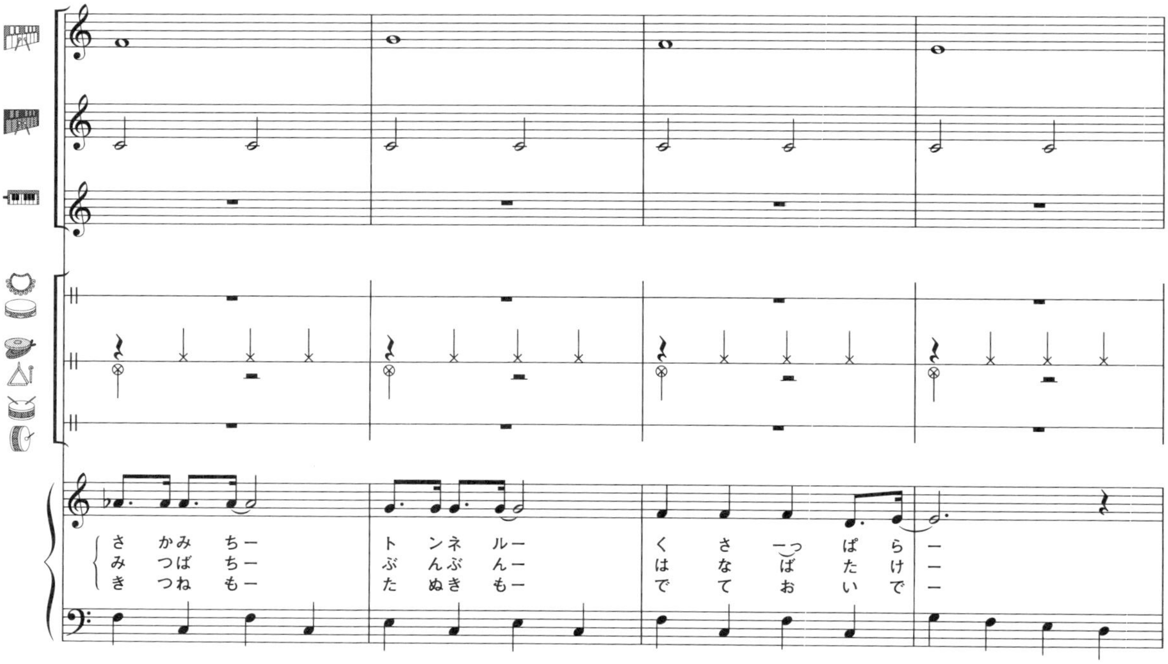

さんぽ

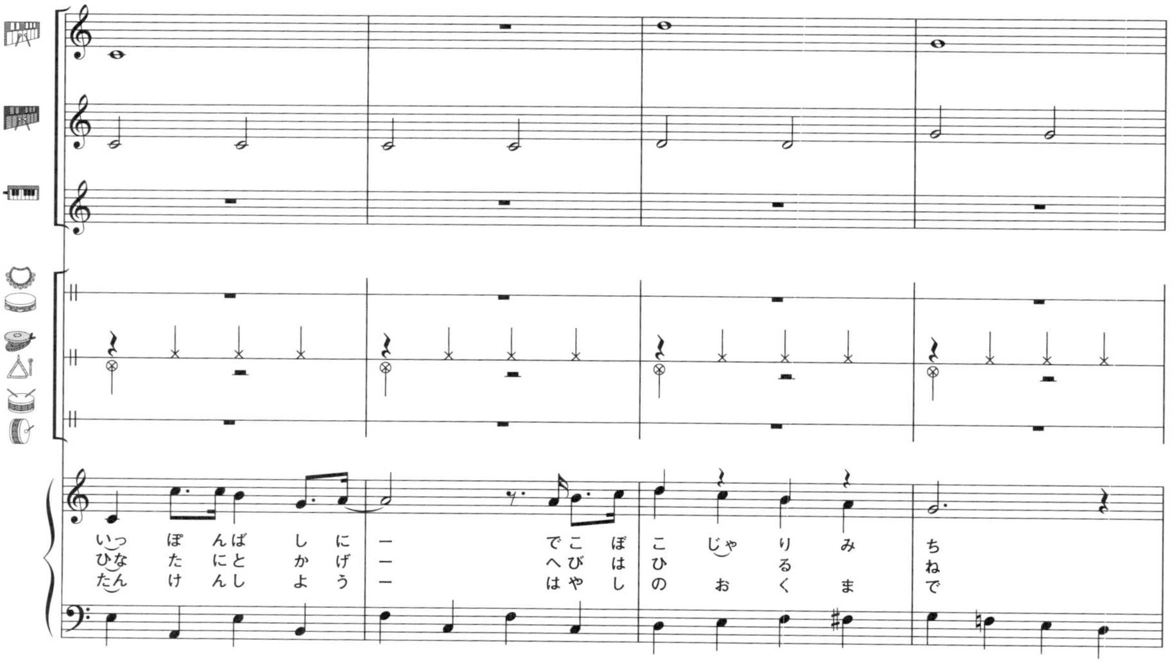

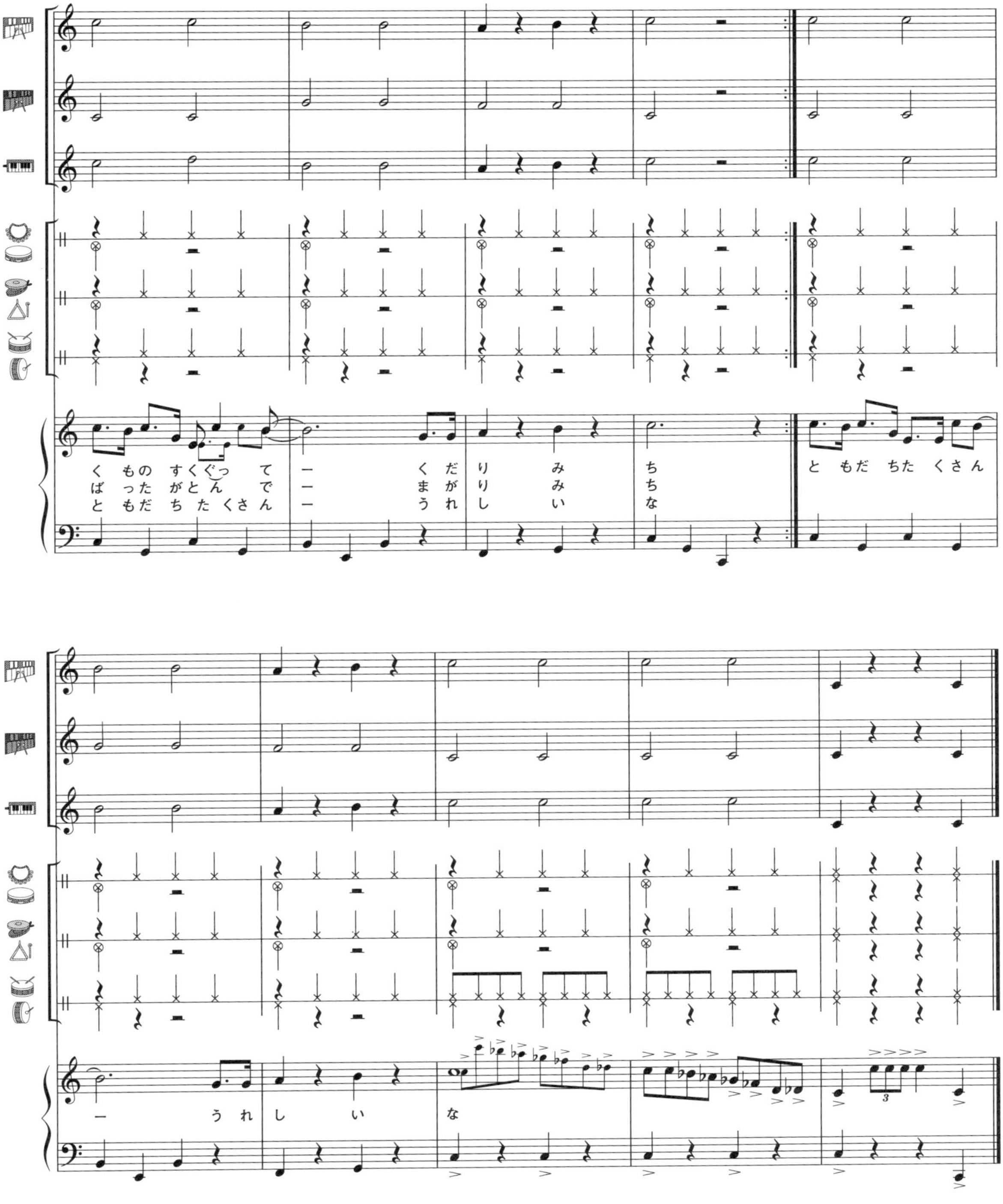

さんぽ

君をのせて

作詞：宮崎 駿／作曲：久石 譲

LEVEL

演奏のポイント

メロディが美しい曲です。メロディ楽器は合わせて10人は欲しいですね。サビの部分は打楽器の強さのバランスをとり、メロディをかき消さないように。また、メロディ楽器がハーモニーをかもしだす部分が多いので、練習を重ねて担当以外の楽器の音も聴くようにしましょう。

クラスに合わせたアレンジ

3歳児は大太鼓をもう1台入れて、そのパートを演奏しましょう。
4歳児はメロディを鍵盤ハーモニカ、鉄琴、木琴で演奏すると良いです。

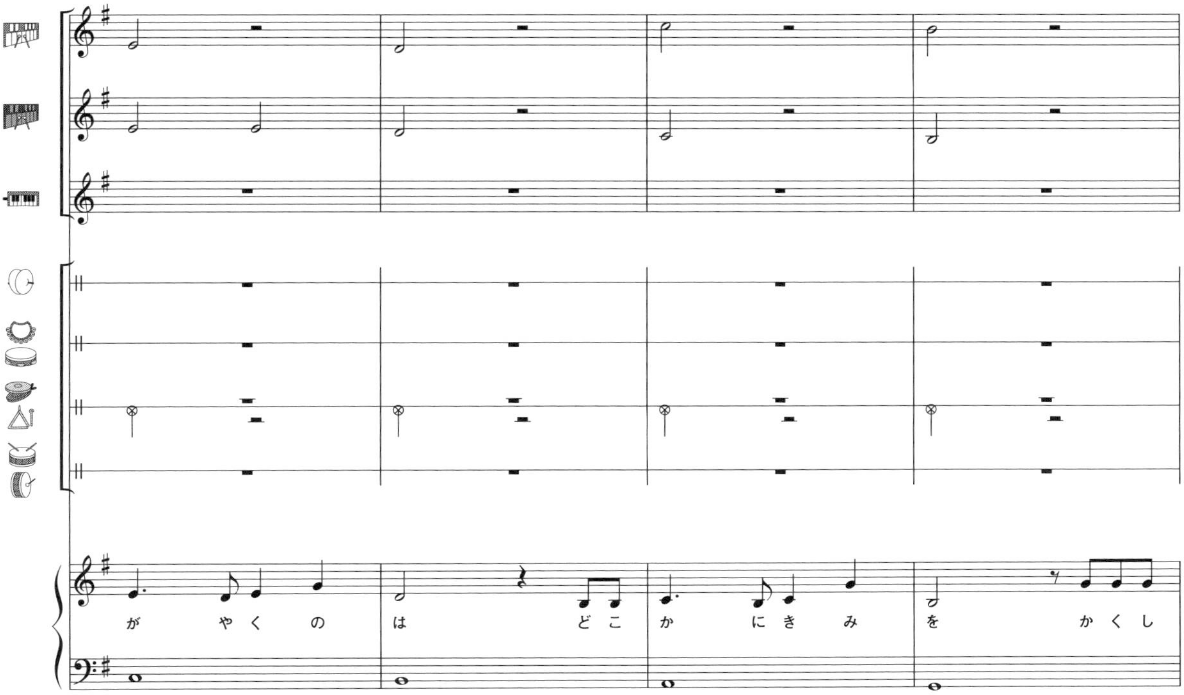
が やくの は どこ かにきみ を かくし

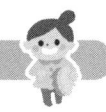

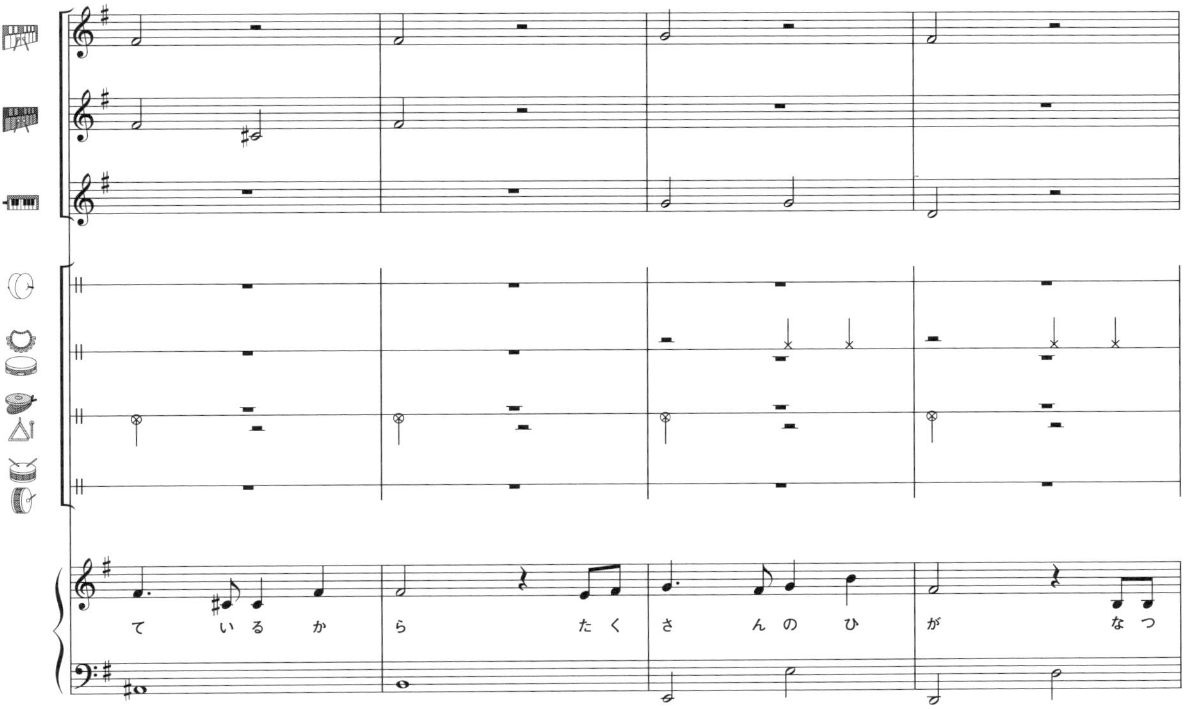
て いるか ら たく さんのひ が なつ

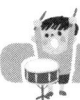

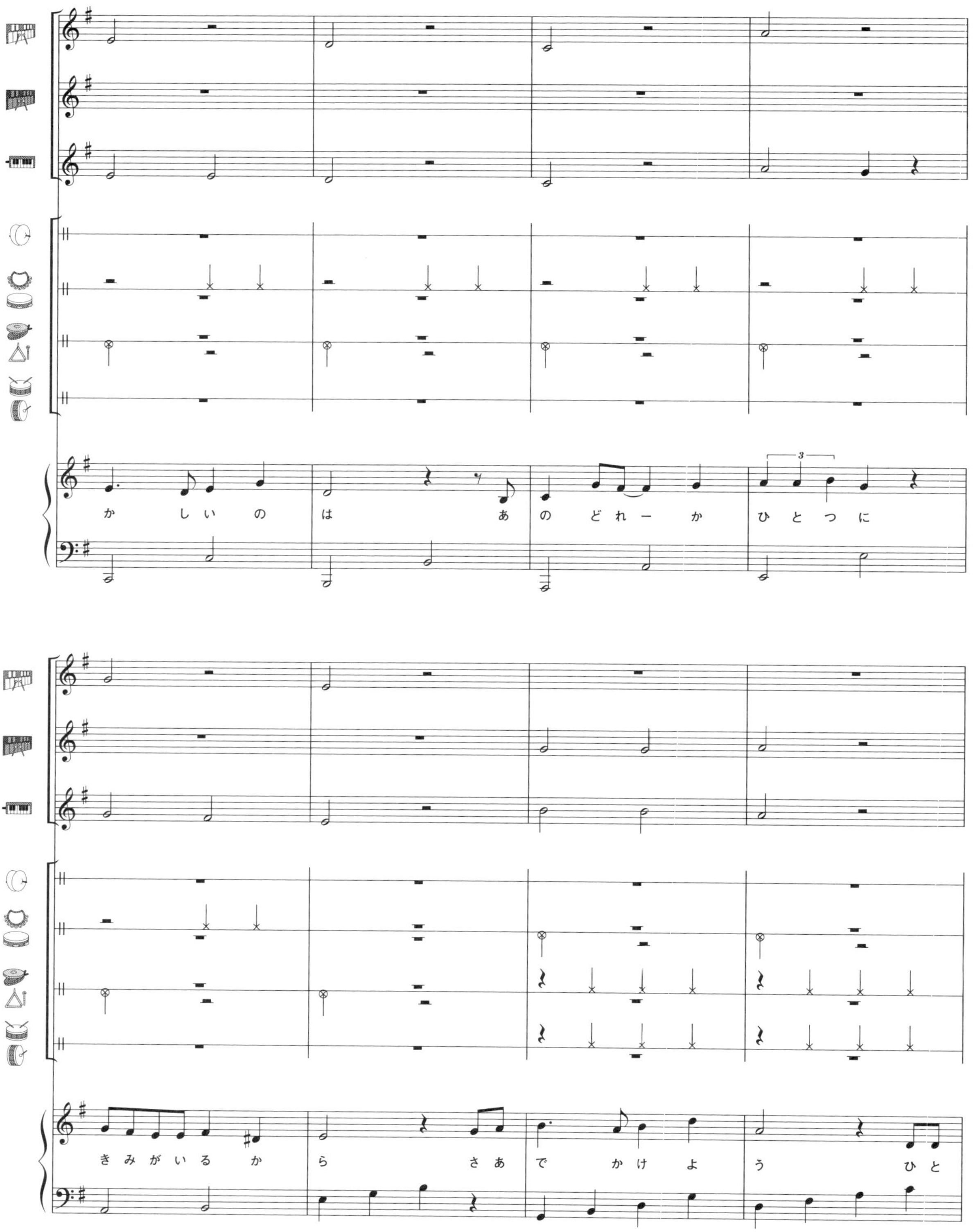
か しい の は あ の どれ ー か ひ と つ に
きみがいる か ら さ あ で かけ よ う ひ と

君をのせて

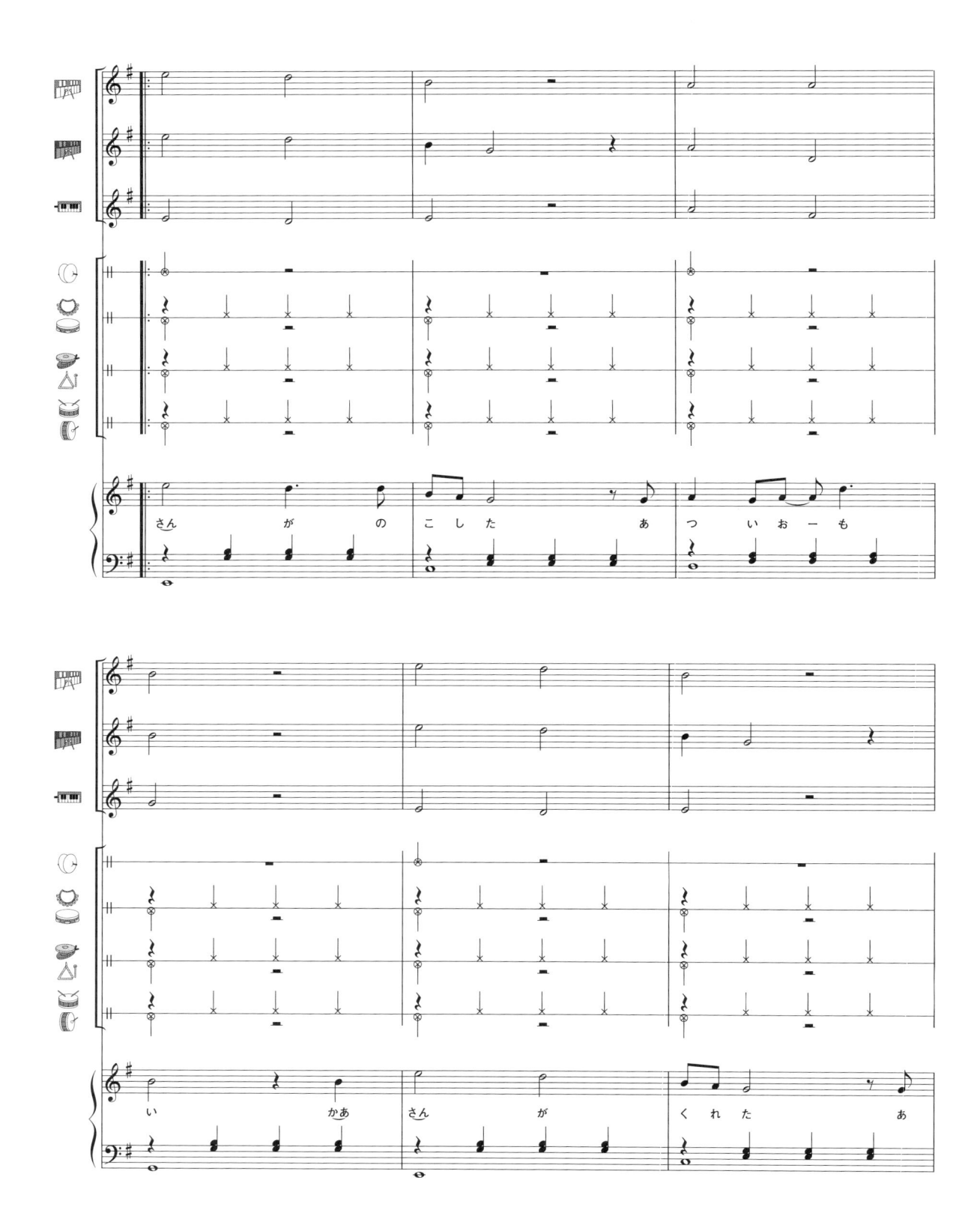

君をのせて

君をのせて

君をのせて

君をのせて

君をのせて

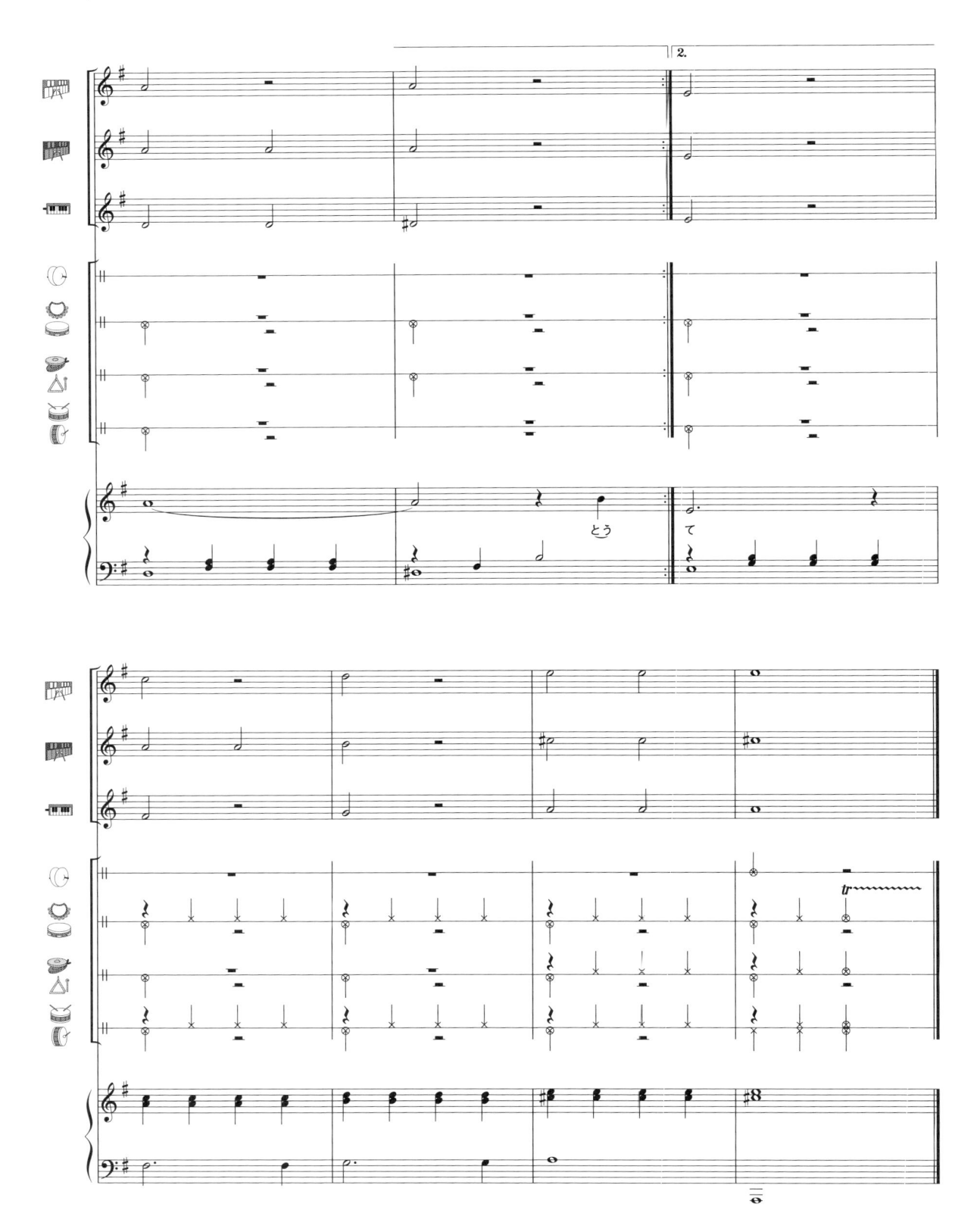

となりのトトロ

作詞：宮崎 駿／作曲：久石 譲

演奏のポイント

「♪となりのトトロ〜」の部分は曲の最も盛り上がるところです。前奏部分の「♪トトロ〜」はやさしく、その後出てくる「♪トトロ〜」は元気良く、特に 𝄋 部分は鍵盤ハーモニカを考慮して転調をしていないので、 𝆑 で最後まで行きましょう。

クラスに合わせたアレンジ

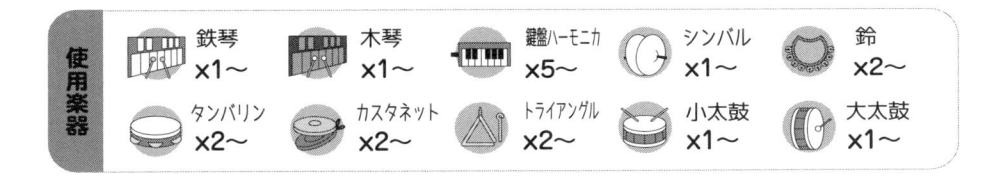

3歳児は大太鼓は難しいかもしれませんので、除いても構いません。
4歳児なら、ピアノ伴奏の左手を木琴で演奏しても良いです。メロディは鍵盤楽器などで全部演奏できます。

使用楽器
- 鉄琴 x1〜
- 木琴 x1〜
- 鍵盤ハーモニカ x5〜
- シンバル x1〜
- 鈴 x2〜
- タンバリン x2〜
- カスタネット x2〜
- トライアングル x2〜
- 小太鼓 x1〜
- 大太鼓 x1〜

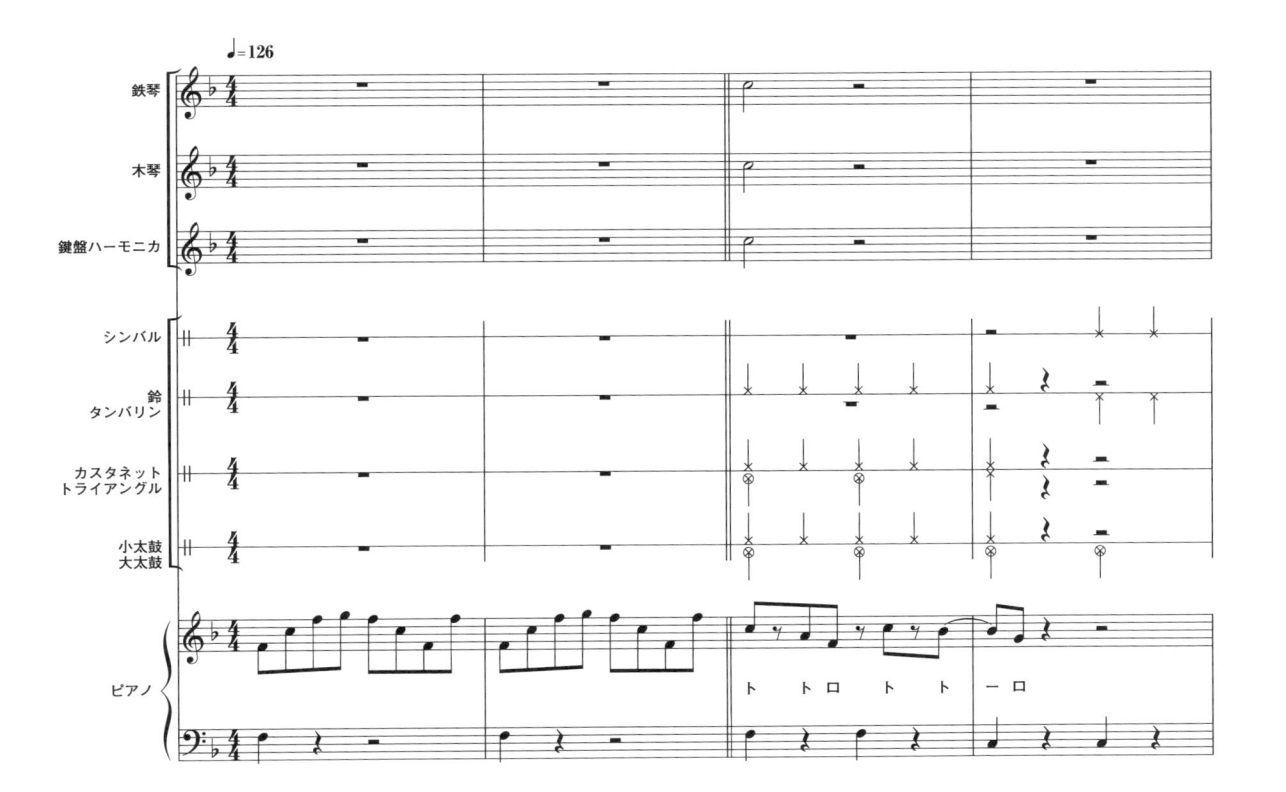

となりのトトロ

となりのトトロ

となりのトトロ

となりのトトロ

となりのトトロ

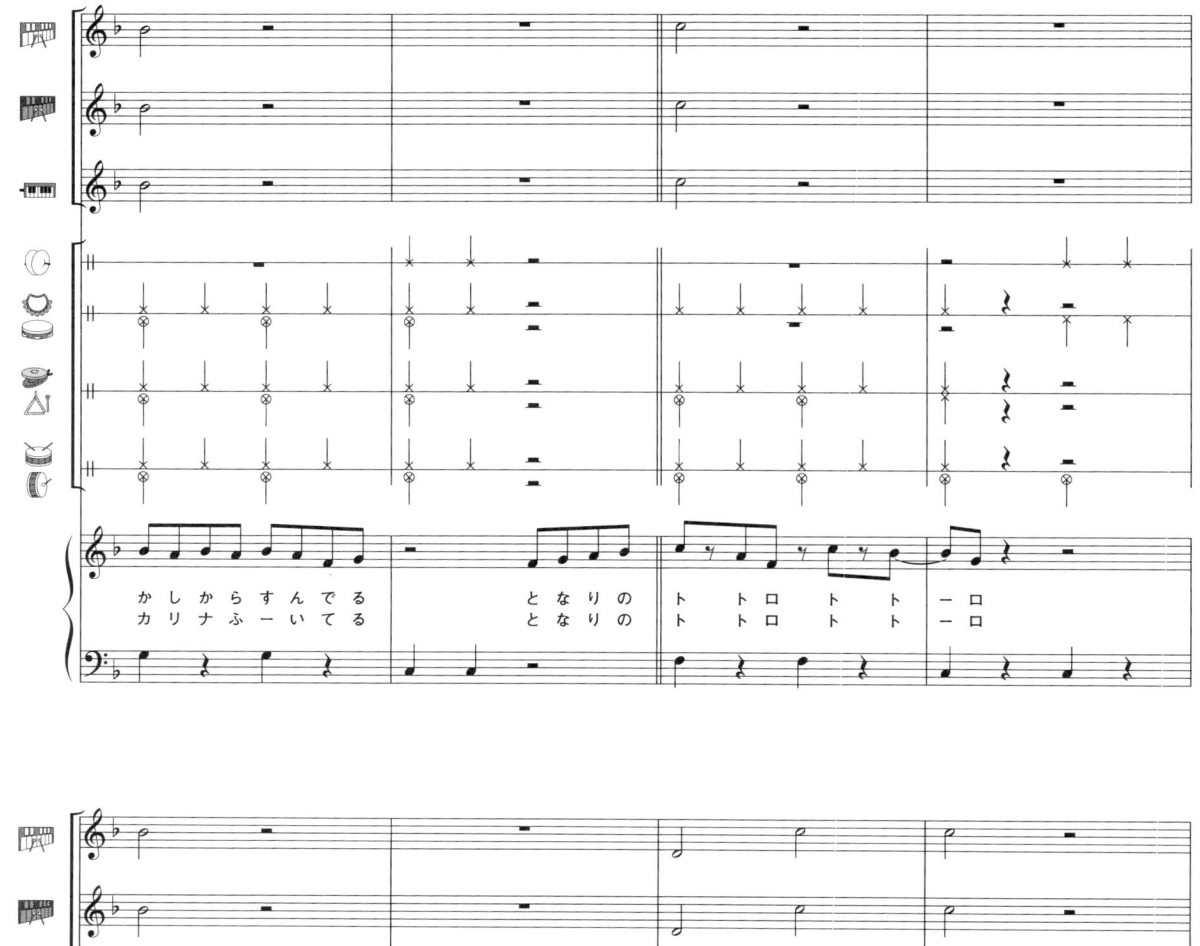

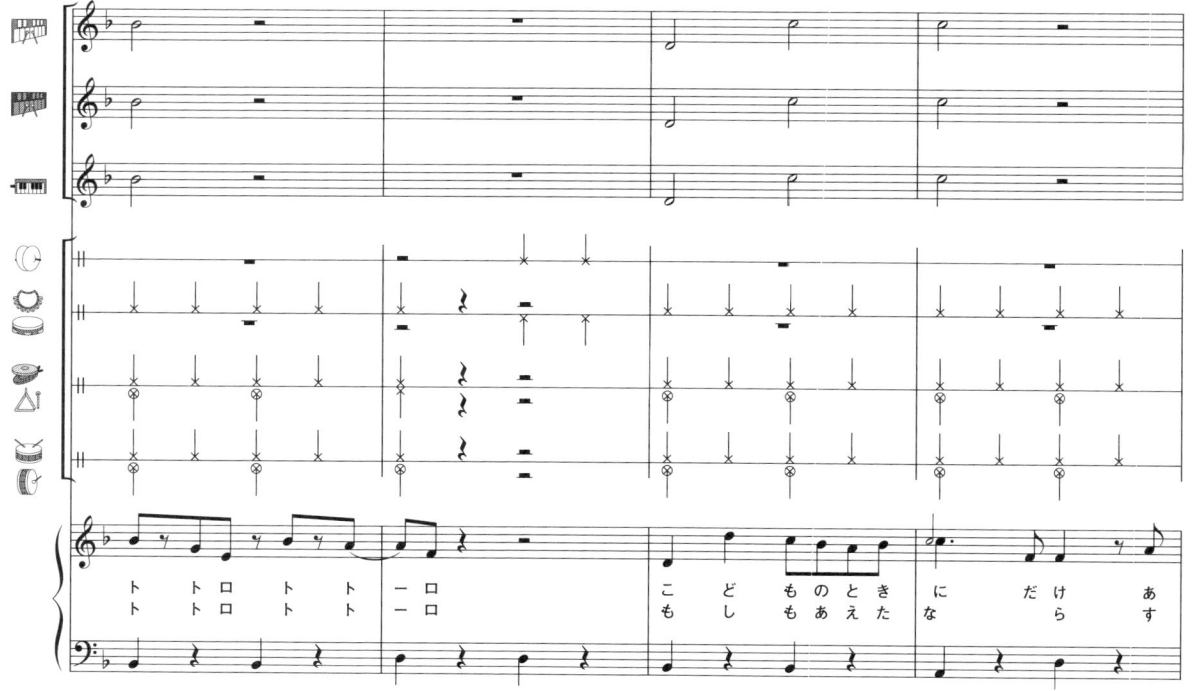

となりのトトロ

夢をかなえてドラえもん

作詞／作曲：黒須克彦

演奏のポイント

メロディに ♪ が多く、難しいかもしれません。その場合、担当する人数を増やして補いましょう。
また、鉄琴と小太鼓は音質が異なるので、揃える練習を重ねてください。
曲後半のトリルは「夢」を表現しています。軽やかに鳴らしましょう。

クラスに合わせたアレンジ

3歳児は大太鼓に、4歳児ならメロディを鍵盤ハーモニカでチャレンジしてみましょう。

使用楽器: 鉄琴 ×1〜、木琴 ×1〜、鍵盤ハーモニカ ×3〜、シンバル ×1〜、鈴 ×2〜、タンバリン ×2〜、カスタネット ×2〜、トライアングル ×1〜、小太鼓 ×1〜、大太鼓 ×1〜

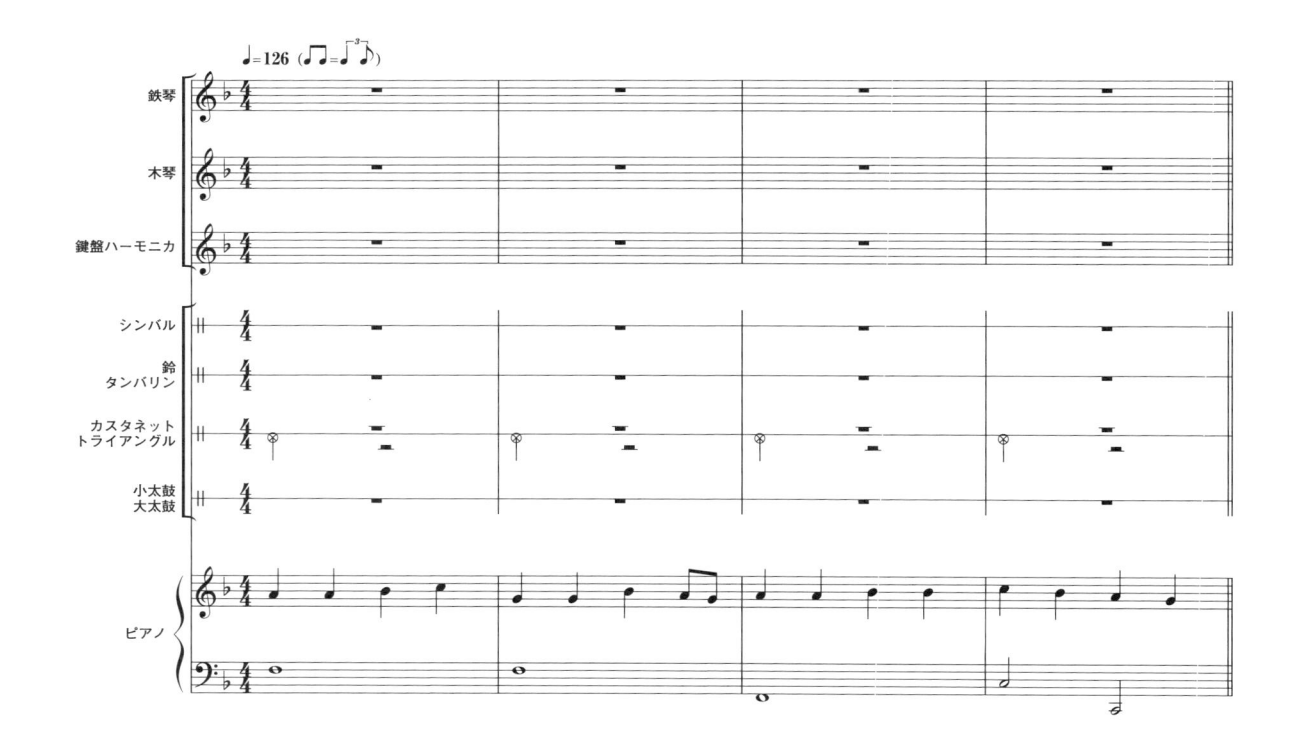

夢をかなえてドラえもん

夢をかなえてドラえもん

そらをとんで と ーきをこえて と おいくにーで も ー ドーア
だいじょうぶさ ひ ーとりじゃない ぼ くがいるーか ら ー キーラ

をあけてほらい きたいよい まっすぐー (どこでもドア〜)
キラかがやくた からものーさ が そうよー (よじげんポケット〜)

夢をかなえてドラえもん

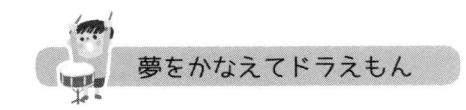

夢をかなえてドラえもん

夢をかなえてドラえもん

夢をかなえてドラえもん

アンパンマンのマーチ

作詞：やなせたかし／作曲：三木たかし

演奏のポイント

2拍子で大きく曲をとらえます。ただし重くなると元気な感じが出ないので、小太鼓で跳ねるように躍動感を出しましょう。
コーダ部分では待っている小節が長いですが、しっかりカウントして最後の小節でビシッと決めましょう。

クラスに合わせたアレンジ

4歳児であれば、ピアノ伴奏の左手の音を木琴で演奏できます。
また、2歳児でも鈴、タンバリン、カスタネットだけで演奏することは可能です。

使用楽器: 鉄琴 ×1〜　木琴 ×1〜　鍵盤ハーモニカ ×5〜　シンバル ×1〜　鈴 ×2〜　タンバリン ×2〜　カスタネット ×2〜　トライアングル ×2〜　小太鼓 ×1〜　大太鼓 ×1〜

アンパンマンのマーチ

アンパンマンのマーチ

アンパンマンのマーチ

アンパンマンのマーチ

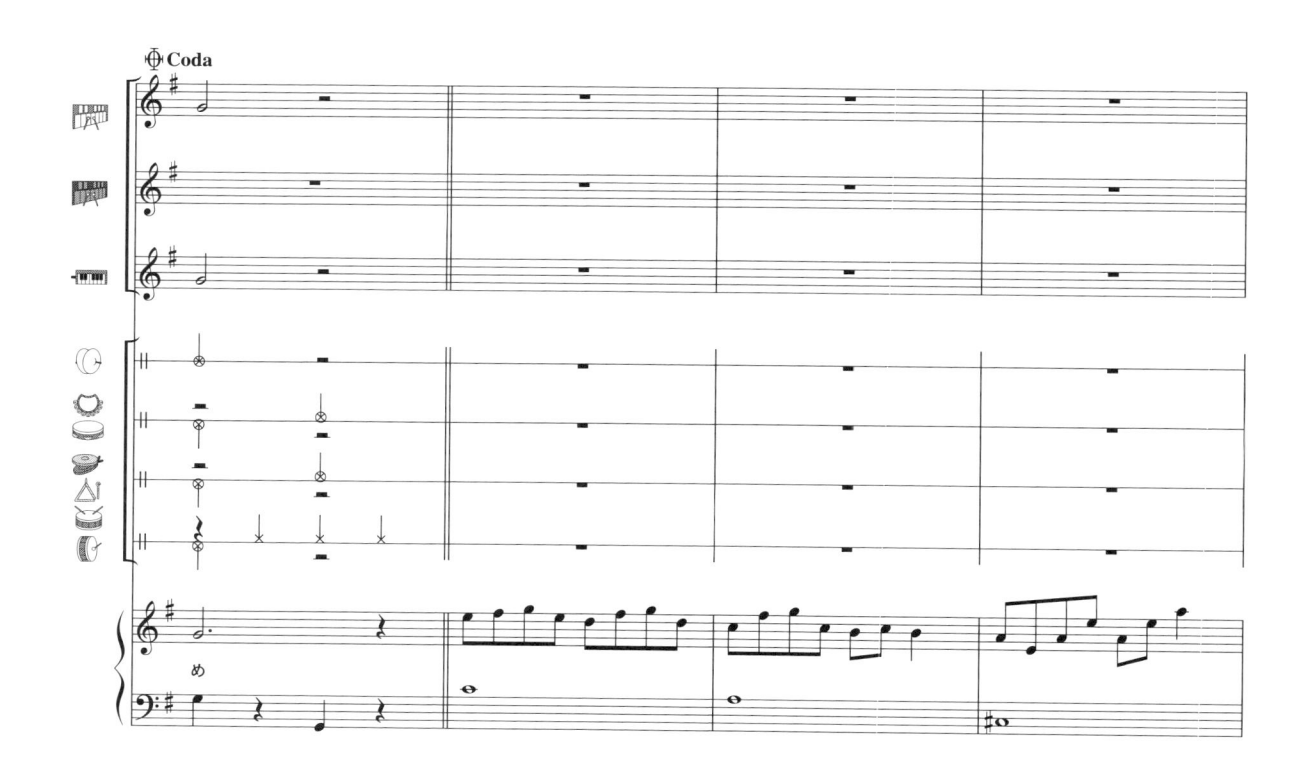

アンパンマンのマーチ

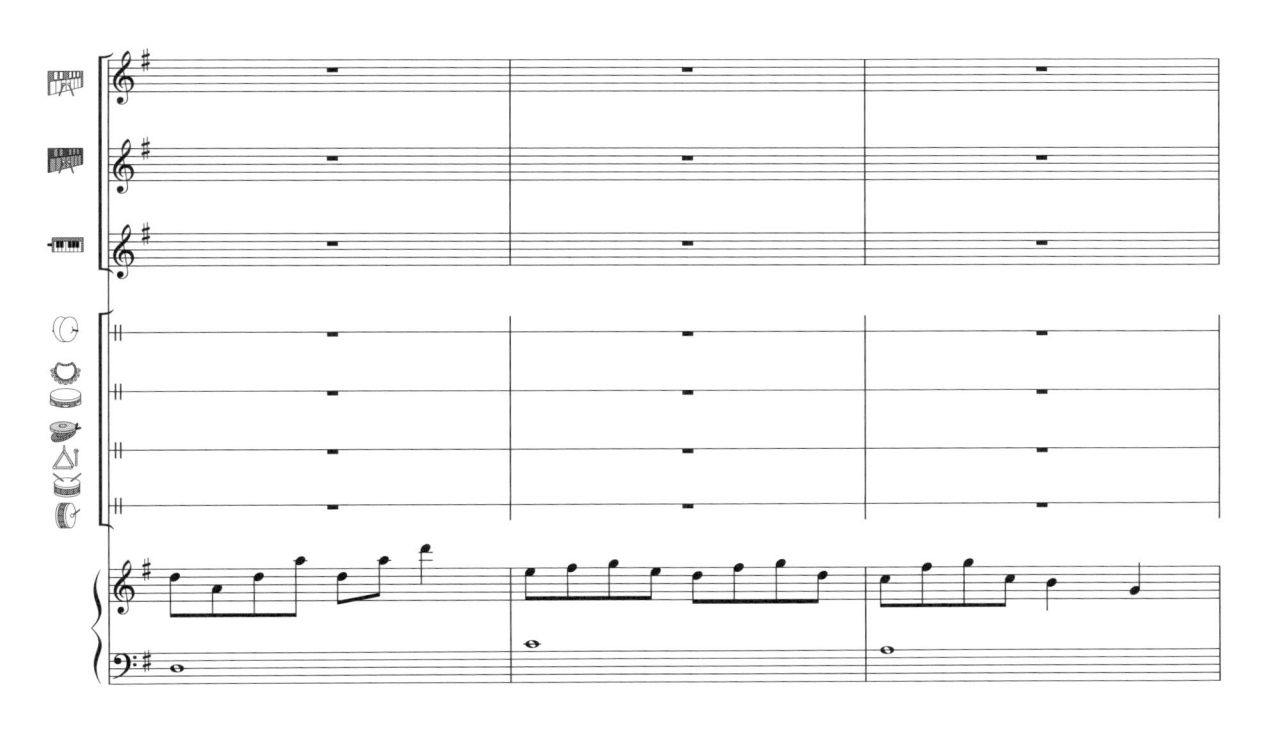

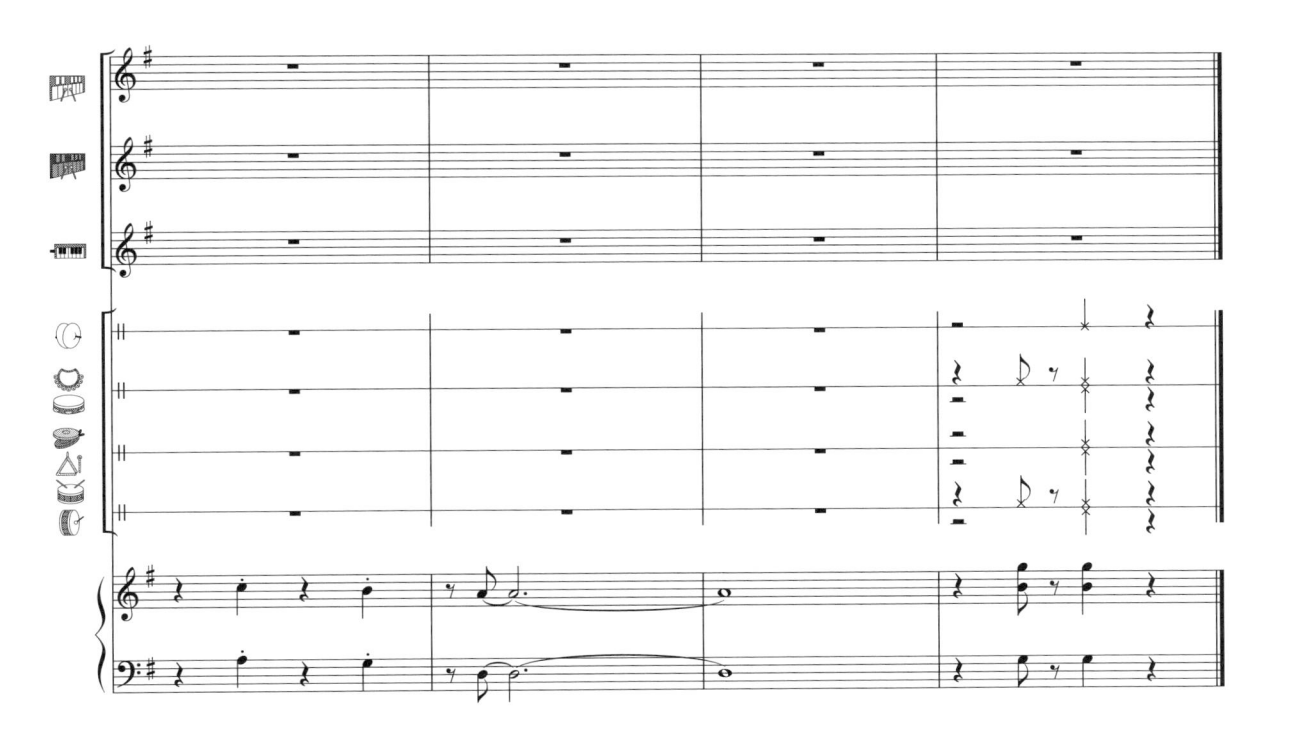

アンパンマンのマーチ

世界中のこどもたちが

作詞：新沢としひこ／作曲：中川ひろたか

演奏のポイント

メロディが繰り返されていく中で、少しずつフォルテに向かっていくと、曲の壮大さがよく出せます。
中間部の「♪ゆめを・こえを・はなを」を大切にしたいので、打楽器を合わせて打っています。ただ打つのではなく、遠くへ届けるように打ちましょう。

クラスに合わせたアレンジ

4歳児ならメロディを鍵盤ハーモニカで演奏できます。ピアノ伴奏の左手を木琴で演奏しても良いですね。

使用楽器
- 鉄琴 ×1〜
- 木琴 ×1〜
- 鍵盤ハーモニカ ×5〜
- シンバル ×1〜
- 鈴 ×2〜
- タンバリン ×2〜
- カスタネット ×2〜
- トライアングル ×2〜
- 小太鼓 ×1〜
- 大太鼓 ×1〜

世界中のこどもたちが

世界中のこどもたちが

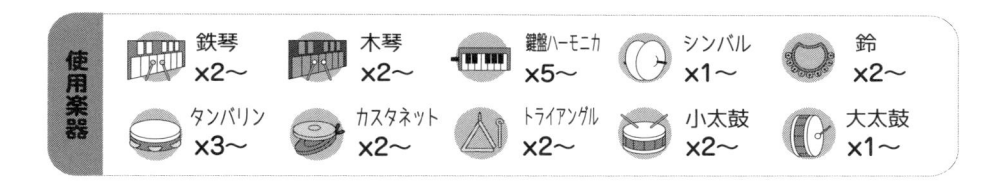

宇宙戦艦ヤマト

作詞：阿久 悠／作曲：宮川 泰

演奏のポイント

壮大かつ颯爽と演奏しましょう。全体を通しフォルテ、中間部がややメゾフォルテ、そして後半へ向かいフォルテから最後の終止部はフォルティッシモでクライマックスを盛り上げます。

最後の小節の三連符は、できるこどもはピアノの伴奏と同じリズムで打ってみましょう。

クラスに合わせたアレンジ

4歳児はピアノ伴奏のメロディを鍵盤ハーモニカで、装飾音符などを鉄琴で、左手伴奏を木琴で、それぞれ演奏してみましょう。

また、ピアノだけの前奏にシンバル、大太鼓なども演奏し、音を広げると5歳児でも使えるようになります。

使用楽器

- 鉄琴 x2〜
- 木琴 x2〜
- 鍵盤ハーモニカ x5〜
- シンバル x1〜
- 鈴 x2〜
- タンバリン x3〜
- カスタネット x2〜
- トライアングル x2〜
- 小太鼓 x2〜
- 大太鼓 x1〜

宇宙戦艦ヤマト

宇宙戦艦ヤマト

宇宙戦艦ヤマト

宇宙戦艦ヤマト

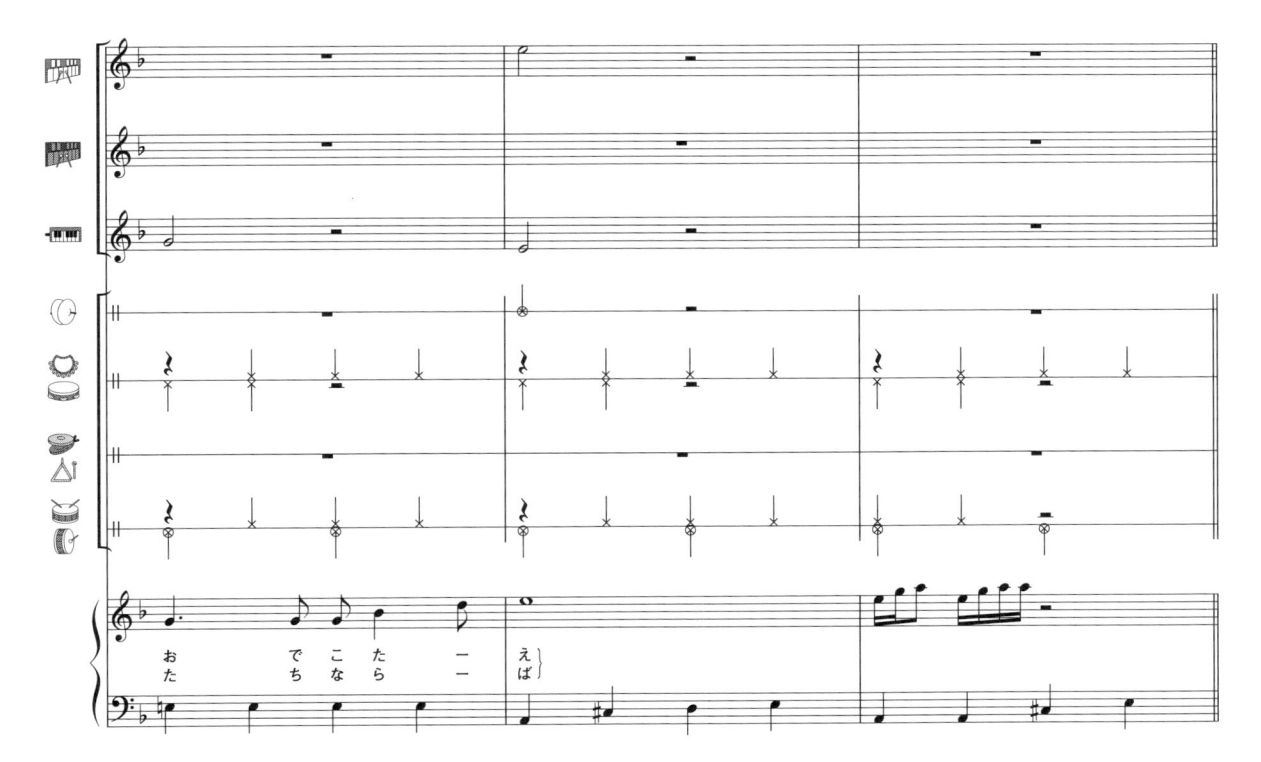

宇宙戦艦ヤマト

宇宙戦艦ヤマト

にんげんっていいな

作詞：山口あかり／作曲：小林亜星

演奏のポイント

ピアノの前奏のリズムが多少とりにくいかもしれません。その場合、歌の最後4小節を代わりに弾いても良いです。また、シンバルが最初から登場します。大きくなく、軽く打ち、曲の可愛らしさを大切に。
テンポが速いので、中心となる楽器を決め、ずれない練習をしましょう。

クラスに合わせたアレンジ

3歳児は大太鼓のパートを小太鼓が演奏しても良いですね。
4歳児はピアノ伴奏で左手を繰り返されるリズムを、小太鼓で打ち続けてみましょう。

使用楽器

- 鉄琴 x1〜
- 木琴 x1〜
- 鍵盤ハーモニカ x5〜
- シンバル x1〜
- 鈴 x3〜
- タンバリン x2〜
- カスタネット x3〜
- トライアングル x1〜
- 小太鼓 x1〜
- 大太鼓 x1〜

にんげんっていいな

にんげんっていいな

にんげんっていいな

勇気100%

作詞：松井五郎／作曲：馬飼野康二

演奏のポイント

歌詞に想いが込められているため、言葉が多く、メロディも音がやや複雑です。タイも特徴となり、リズムも横に流れやすいので注意が必要です。
また、小太鼓がずっと鳴り続き、曲の中心となります。交替で演奏するか、2台で演奏できると良いでしょう。
元気な曲調ですが、特にサビの部分はフォルテ、フォルティッシモで演奏しましょう。

クラスに合わせたアレンジ

4歳児はピアノ伴奏のメロディを鍵盤ハーモニカで演奏しましょう。
また、ピアノ伴奏の左手の音を鉄琴、和音を木琴で演奏すると5歳児でも使えるようになります。

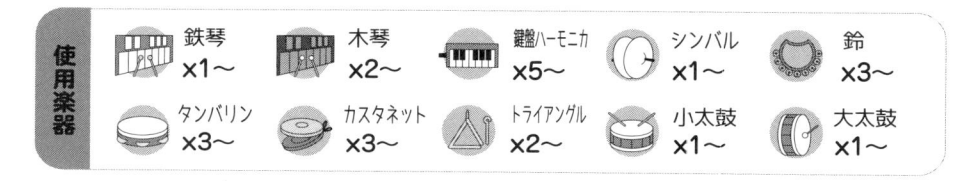

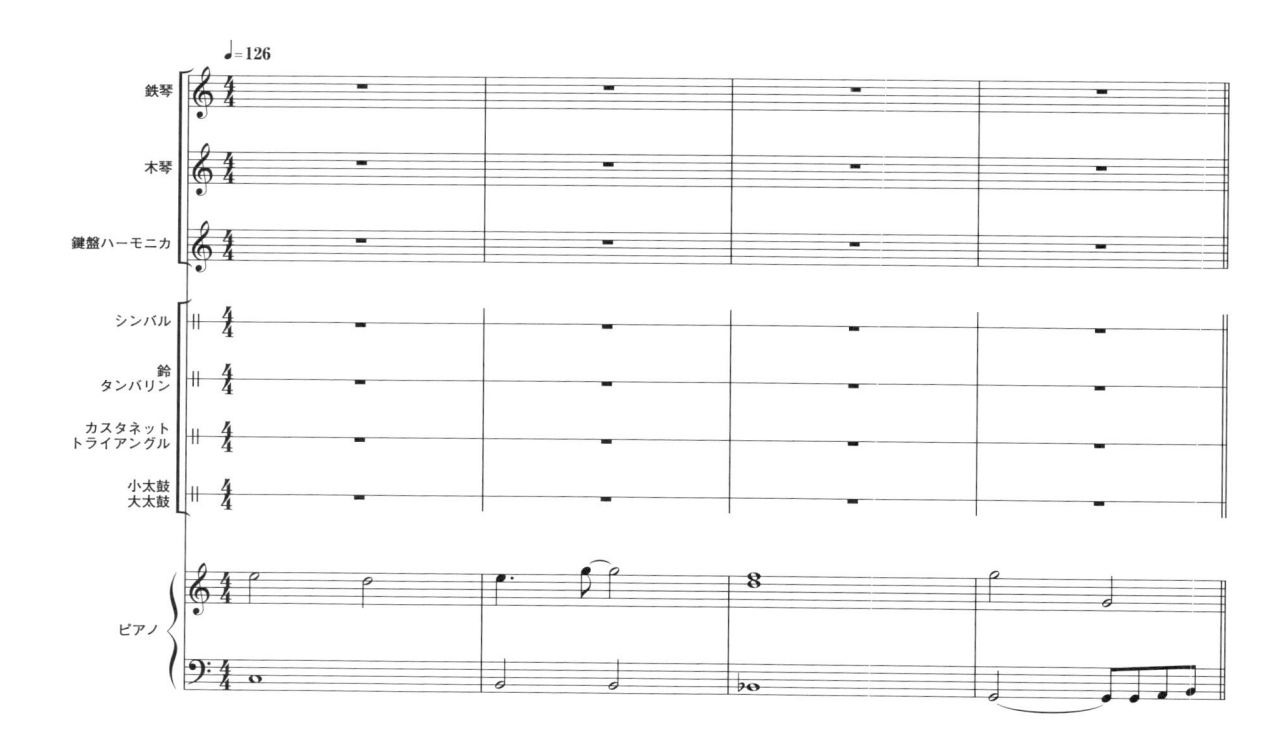

使用楽器: 鉄琴 x1〜、木琴 x2〜、鍵盤ハーモニカ x5〜、シンバル x1〜、鈴 x3〜、タンバリン x3〜、カスタネット x3〜、トライアングル x2〜、小太鼓 x1〜、大太鼓 x1〜

勇気100%

勇気 100%

勇気 100%

勇気100%

勇気100％

勇気 100%

勇気100%

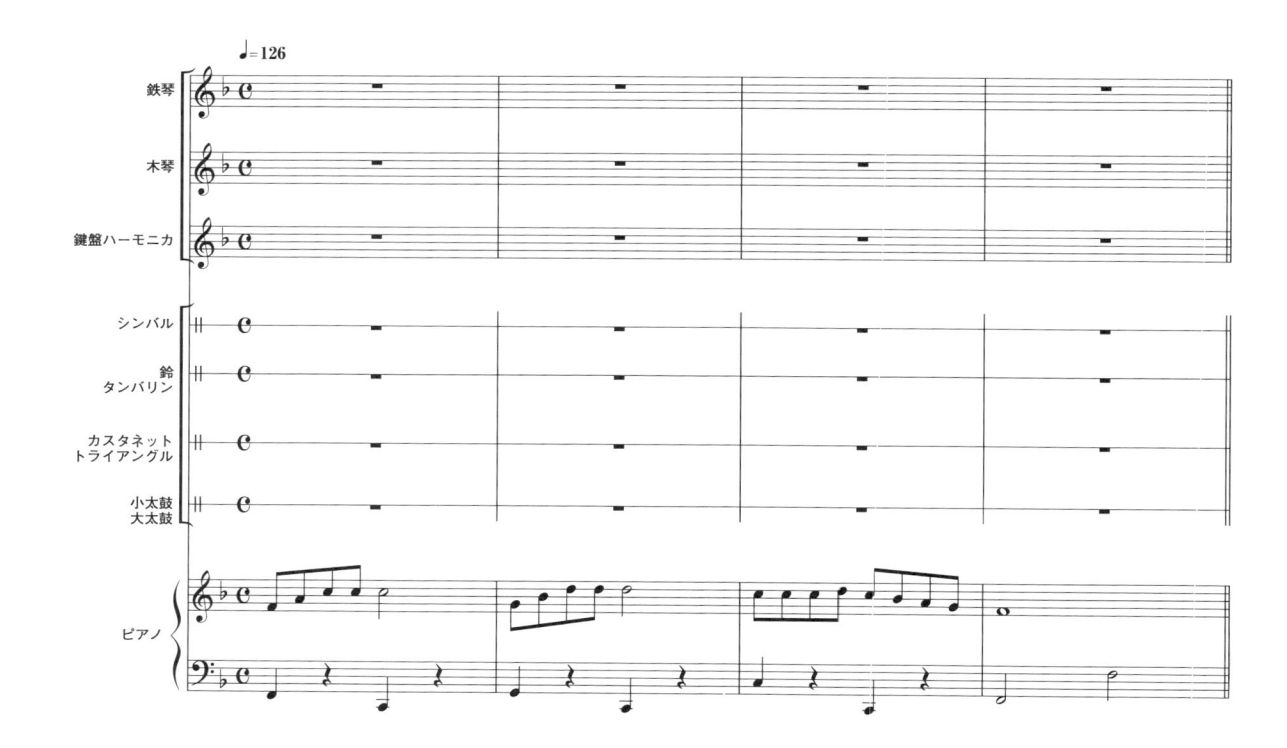

南の島のハメハメハ大王

作詞：伊藤アキラ／作曲：森田公一

演奏のポイント

陽気な曲です。鉄琴、シンバル、鈴、タンバリン、トライアングルなど金属の音を増やすと、より華やかになります。身体を揺らしたり、踊りながら打楽器を打ったり、「ハメハメハ」の部分をみんなで歌っても楽しい曲調が出せることでしょう。髪飾りを付けたり、コスチュームに凝って、南国の雰囲気を出しても楽しいですね。

クラスに合わせたアレンジ

4歳児はメロディを鍵盤ハーモニカで演奏しましょう。
また2歳児でも、トリルをしなければ小打楽器は演奏できるようになります。

使用楽器
- 鉄琴 ×1〜
- 木琴 ×1〜
- 鍵盤ハーモニカ ×5〜
- シンバル ×1〜
- 鈴 ×3〜
- タンバリン ×3〜
- カスタネット ×2〜
- トライアングル ×2〜
- 小太鼓 ×1〜
- 大太鼓 ×1〜

南の島のハメハメハ大王

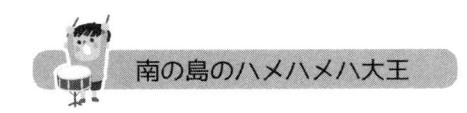

南の島のハメハメハ大王

南の島のハメハメハ大王

おもちゃのマーチ

作詞：海野 厚／作曲：小田島樹人

演奏のポイント

メロディはピアノのみ演奏しています。木琴は同じリズムパターンを繰り返して、おもちゃの動きを表現しています。鍵盤ハーモニカは3歳児でも弾けるように1拍目の音だけにしてあります。その音を少し強調すると、メロディでおもちゃの可愛らしい動きがより出るでしょう。

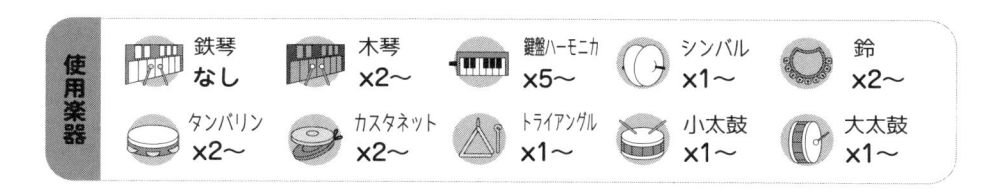

使用楽器: 鉄琴 なし／木琴 ×2〜／鍵盤ハーモニカ ×5〜／シンバル ×1〜／鈴 ×2〜／タンバリン ×2〜／カスタネット ×2〜／トライアングル ×1〜／小太鼓 ×1〜／大太鼓 ×1〜

クラスに合わせたアレンジ

おもちゃのマーチ

4歳以上は、鍵盤ハーモニカでピアノのメロディを弾きましょう。鉄琴も入れて、木琴のパートを演奏してもいいですね。

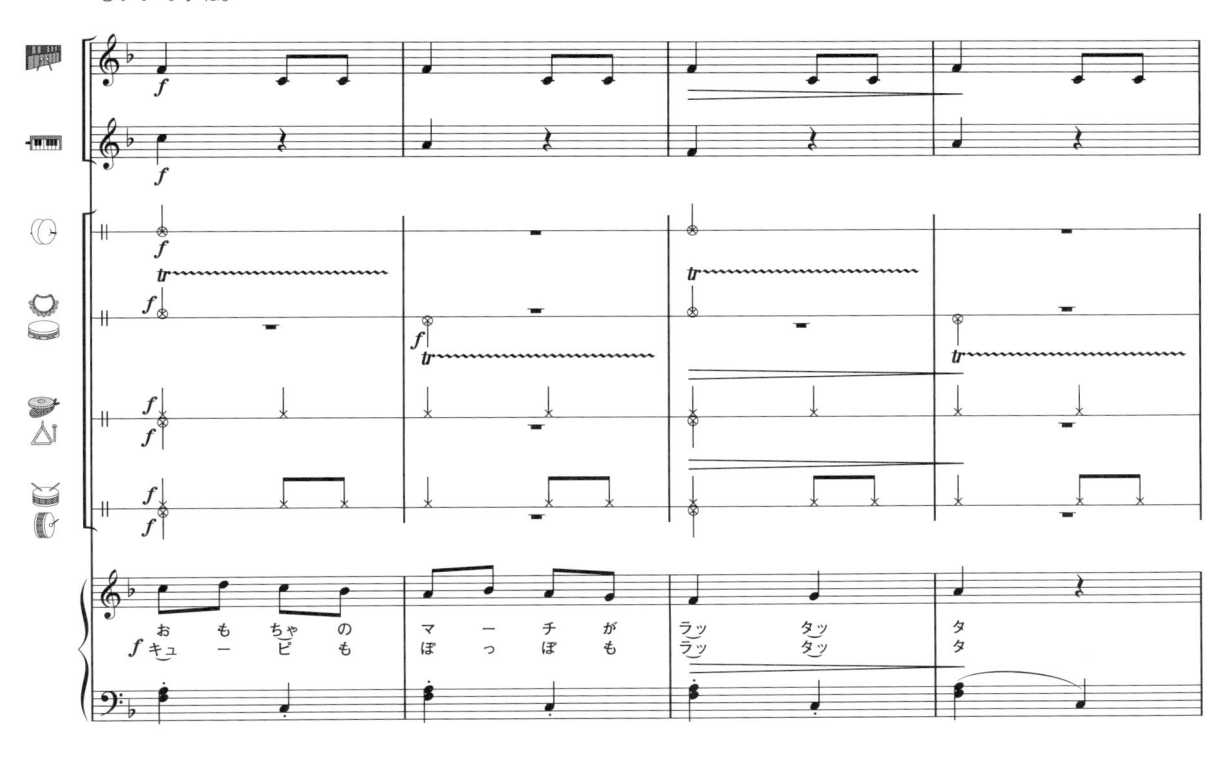

歌詞:
おもちゃの マーチが ラッタッタ ラッタッタ タタ
キューピーも ぽっぽも
にんぎょうの へいたいも せいぞろいして
フランス にんぎょうも とびだし

おもちゃのマーチ

もろびとこぞりて

訳詞：日本基督教団讃美歌委員会／作曲：HAENDEL GEORG FRIEDRICH

演奏のポイント

鉄琴や打楽器でクリスマスの華やかさを表現しています。よく出てくる鈴、タンバリンのトリルでも強調しています。合唱が入るなら、鉄琴、トライアングルなどの金属音も増やして演出してください。

クラスに合わせたアレンジ

4歳児以上なら、木琴ですべてのメロディを演奏しても良いです。また、鈴、タンバリンのみでも十分に雰囲気を出せますので、2歳児でも可能です。その際できれば人数は増やしましょう。

使用楽器
- 鉄琴 x2〜
- 木琴 x2〜
- 鍵盤ハーモニカ なし
- シンバル x1〜
- 鈴 x3〜
- タンバリン x3〜
- カスタネット x2〜
- トライアングル x2〜
- 小太鼓 x1〜
- 大太鼓 x1〜

1. もろびとこぞりて
2. あくまのひとや
3. こころをあけて

もろびとこぞりて

もろびとこぞりて

ゆ き

文部省唱歌

演奏のポイント

メロディを鍵盤ハーモニカと鉄琴で受け渡し、「ゆき」のキラキラ感を鉄琴で表現しています。受け渡しがスムーズにいくように、練習では口ずさんでみましょう。

クラスに合わせたアレンジ

鉄琴が難しいようであれば、鍵盤ハーモニカで分担しても良いです。
また、4歳児以上であれば、木琴も入れて鉄琴のフォローをしてみましょう。

使用楽器

| 鉄琴 x2〜 | 木琴 なし | 鍵盤ハーモニカ x5〜 | シンバル x1〜 | 鈴 x2〜 |
| タンバリン x2〜 | カスタネット x2〜 | トライアングル x1〜 | 小太鼓 x1〜 | 大太鼓 x1〜 |

1.2. ゆーきや こんこ あられや こんこ

ゆき

ゆき

おめでとうクリスマス

作詞：高田三九三／イギリス曲

演奏のポイント

3拍子の軽やかな曲です。大太鼓は深く、鉄琴は響かせるなど工夫して、壮厳さを出しましょう。
タンバリン、トライアングルのトリルは、メロディを消さないように響かせます。
全体的に同じメロディを繰り返すので、その都度、丁寧に演奏しましょう。

クラスに合わせたアレンジ

4歳児なら木琴を和音にしてみましょう。
また、トリルを取れば、2歳児でも小打楽器は演奏できるようになります。

使用楽器
- 鉄琴 ×1〜
- 木琴 ×1〜
- 鍵盤ハーモニカ ×5〜
- シンバル ×1〜
- 鈴 ×3〜
- タンバリン ×3〜
- カスタネット ×2〜
- トライアングル ×2〜
- 小太鼓 ×1〜
- 大太鼓 ×1〜

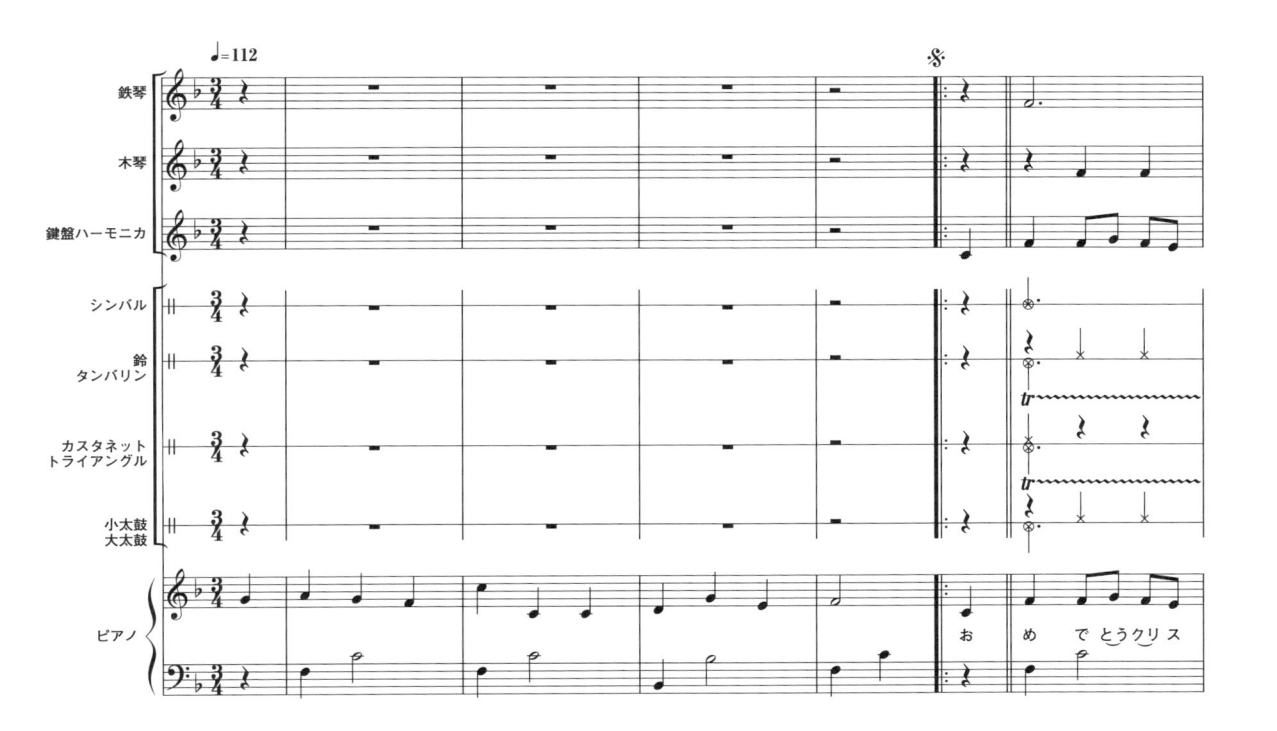

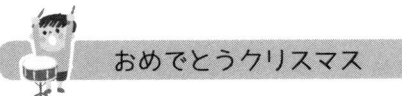

おめでとうクリスマス

おめでとうクリスマス

おめでとうクリスマス

おめでとうクリスマス

きよしこの夜

作詞：由木 康／作曲：グルーバー

演奏のポイント

全体的にゆっくり、丁寧に演奏することで1つ1つの楽器が一段と輝きます。鉄琴とトライアングルが「聖なる情景」を表現しています。澄んだ響きになるように、叩くのではなく、やさしい気持ちで臨みましょう。曲の最後のトリルを揃えるために、指導者かピアノ担当者の合図を徹底しておいてください。

使用楽器：
- 鉄琴 x1〜
- 木琴 x2〜
- 鍵盤ハーモニカ x3〜
- シンバル x1〜
- 鈴 x2〜
- タンバリン x2〜
- カスタネット x2〜
- トライアングル x2〜
- 小太鼓 x1〜
- 大太鼓 x1〜

クラスに合わせたアレンジ

きよしこの夜

4歳児なら、ピアノ左手伴奏を木琴で演奏してみましょう。また、トリルを取れば、2歳児でも小打楽器は演奏できます。

すくいーの　みーこは　まぶねーの　なーかにり
めきびーの　みーよの　ままあーの　まーえに
めぐみーの　たーちの　あしたーの　ひえか

ねむりーたー　もうー　いーとやーすーくてー
ぬかずーきー　のりー　かしこー　すみー
かがやー　けー　　　ほーがら　かー　　　にー

あわてんぼうのサンタクロース

作詞：吉岡 治／作曲：小林亜星

演奏のポイント

歌詞に擬音が入っているので、打楽器の本領を発揮するために人数を多く設定しましょう。大太鼓も2人いるとより効果的です。

クラスに合わせたアレンジ

4歳児はピアノ伴奏の左手部分の音を、鉄琴で演奏してみましょう。

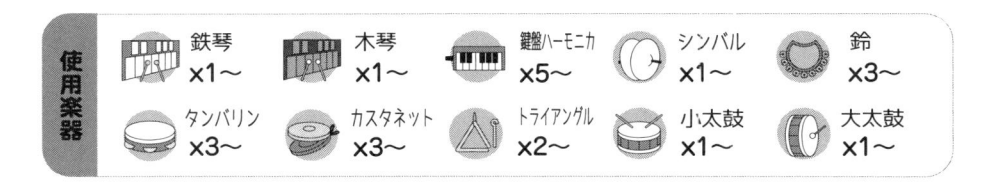

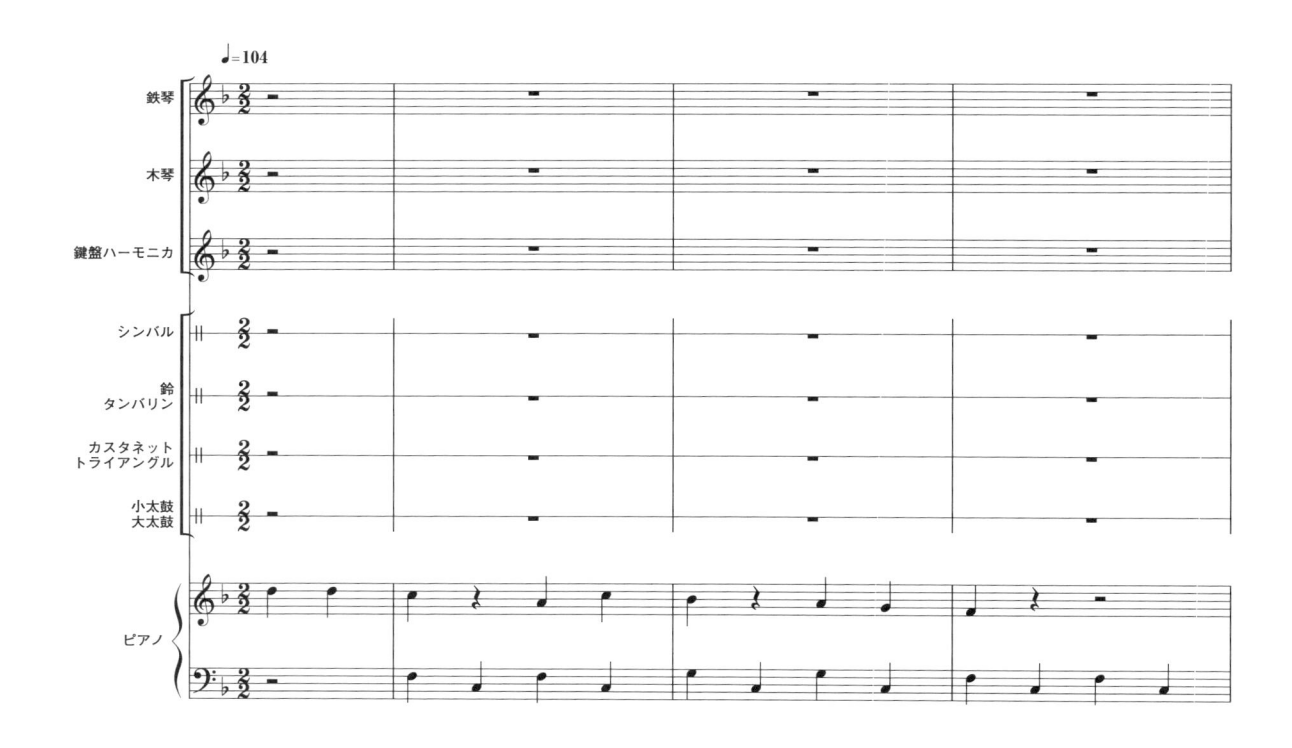

使用楽器

- 鉄琴 x1〜
- 木琴 x1〜
- 鍵盤ハーモニカ x5〜
- シンバル x1〜
- 鈴 x3〜
- タンバリン x3〜
- カスタネット x3〜
- トライアングル x2〜
- 小太鼓 x1〜
- 大太鼓 x1〜

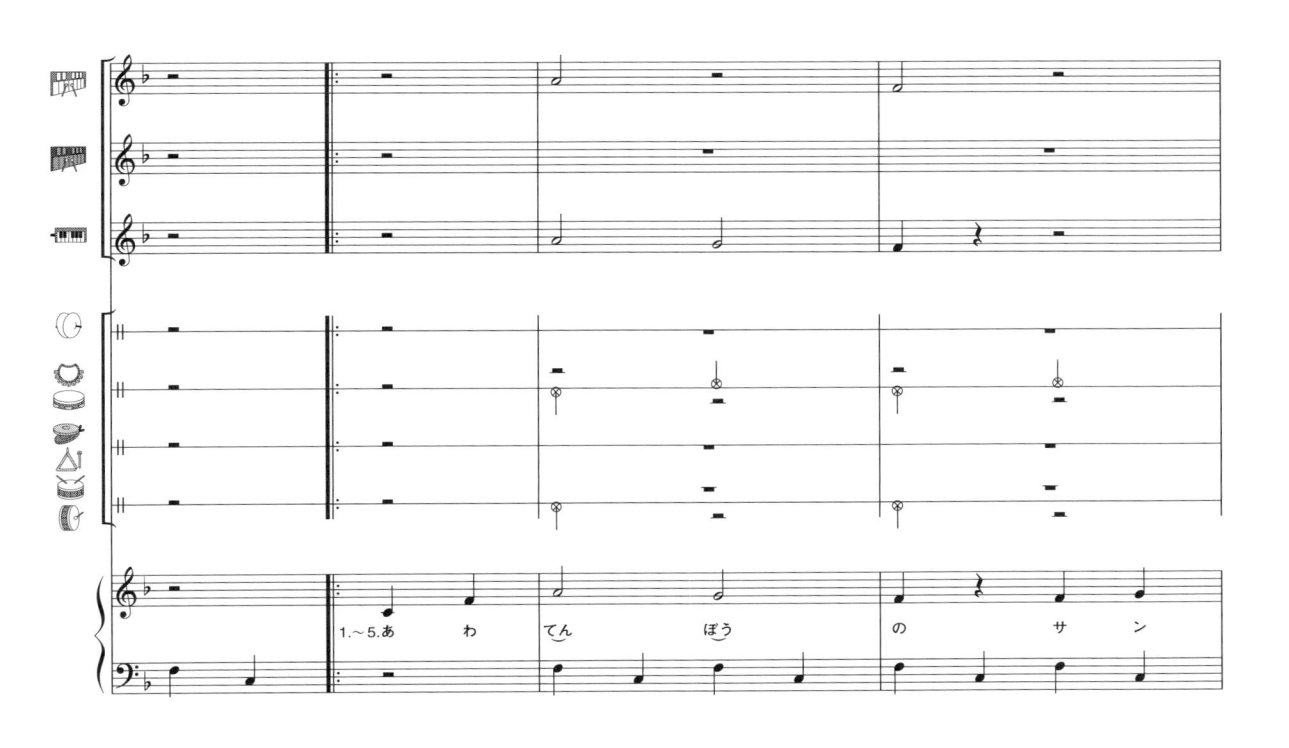

あわてんぼうのサンタクロース

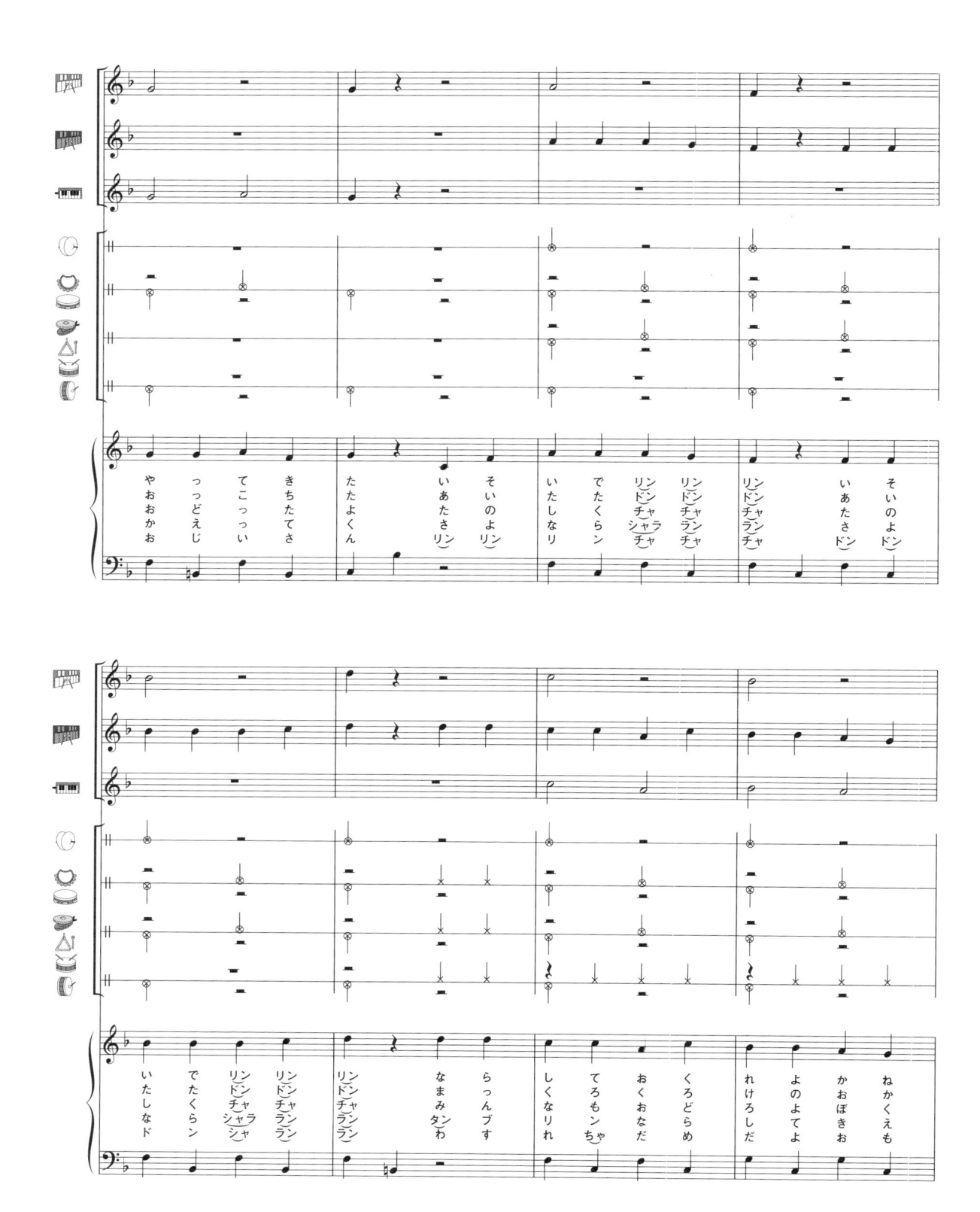

あわてんぼうのサンタクロース

あわてんぼうのサンタクロース

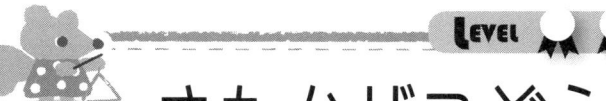

きたかぜこぞうのかんたろう

作詞：井出隆夫／作曲：福田和禾子

演奏のポイント

鍵盤ハーモニカの16分音符のリズムは歌で練習し、身につけましょう。

鈴のトリルは風を表現しています。吹き渡っている風景を説明し、イメージをふくらませます。また、鈴は振り続けますので、手が疲れるようでしたら、4名以上を配置して交替で演奏するようにしましょう。

クラスに合わせたアレンジ

4歳児であれば、ピアノ伴奏のメロディを鍵盤ハーモニカで、左手伴奏を木琴で演奏しましょう。

また、トリルを除けば、タンバリンと鈴のみで2歳児でも演奏できます。

使用楽器

- 鉄琴 ×1〜
- 木琴 ×2〜
- 鍵盤ハーモニカ ×3〜
- シンバル ×1〜
- 鈴 ×3〜
- タンバリン ×2〜
- カスタネット ×2〜
- トライアングル ×2〜
- 小太鼓 ×1〜
- 大太鼓 ×1〜

きたかぜこぞうのかんたろう

きたかぜこぞうのかんたろう

おもいでのアルバム

作詞：増子とし／作曲：本多鉄麿

演奏のポイント

メロディをはっきり出します。鉄琴、木琴、鍵盤ハーモニカの人数設定も合わせて10人くらいいると良いですね。タンバリンは想い出を呼び起こし、鈴は涙を表現しています。そんなお話を園児にすると、より気持ちが入ることでしょう。
また、2番以上を演奏する場合は単調にならないように、くり返す度に少しずつフォルテにしていくと良いでしょう。

クラスに合わせたアレンジ

4歳児であれば、ピアノ左手の伴奏部分を木琴で演奏してみましょう。
カスタネットとトリルを取れば、鈴、タンバリンで2歳児でも演奏ができます。

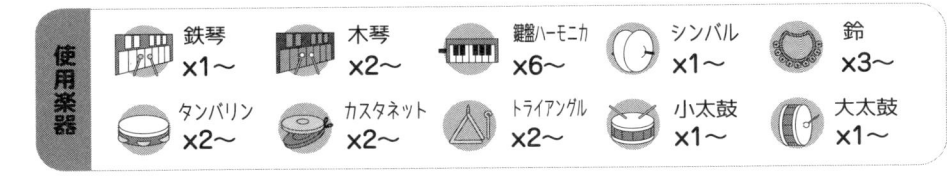

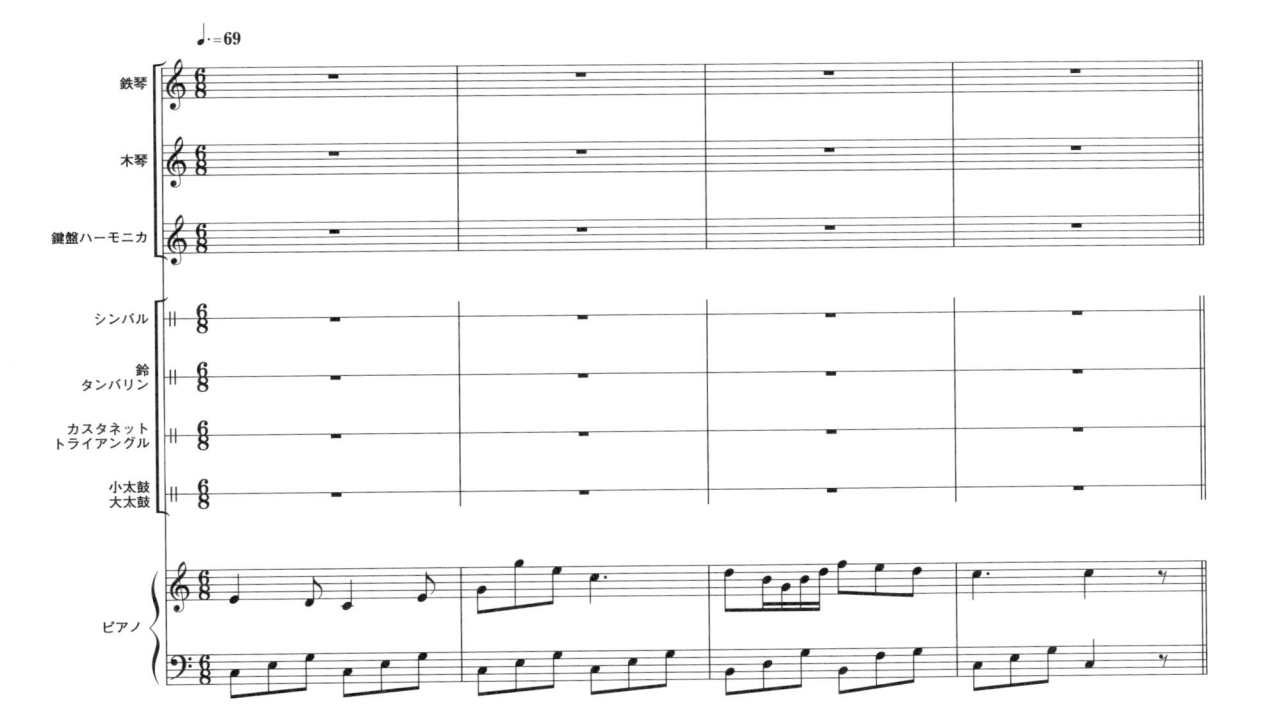

使用楽器: 鉄琴 x1〜 / 木琴 x2〜 / 鍵盤ハーモニカ x6〜 / シンバル x1〜 / 鈴 x3〜 / タンバリン x2〜 / カスタネット x2〜 / トライアングル x2〜 / 小太鼓 x1〜 / 大太鼓 x1〜

おもいでのアルバム

おもいでのアルバム

ビリーブ

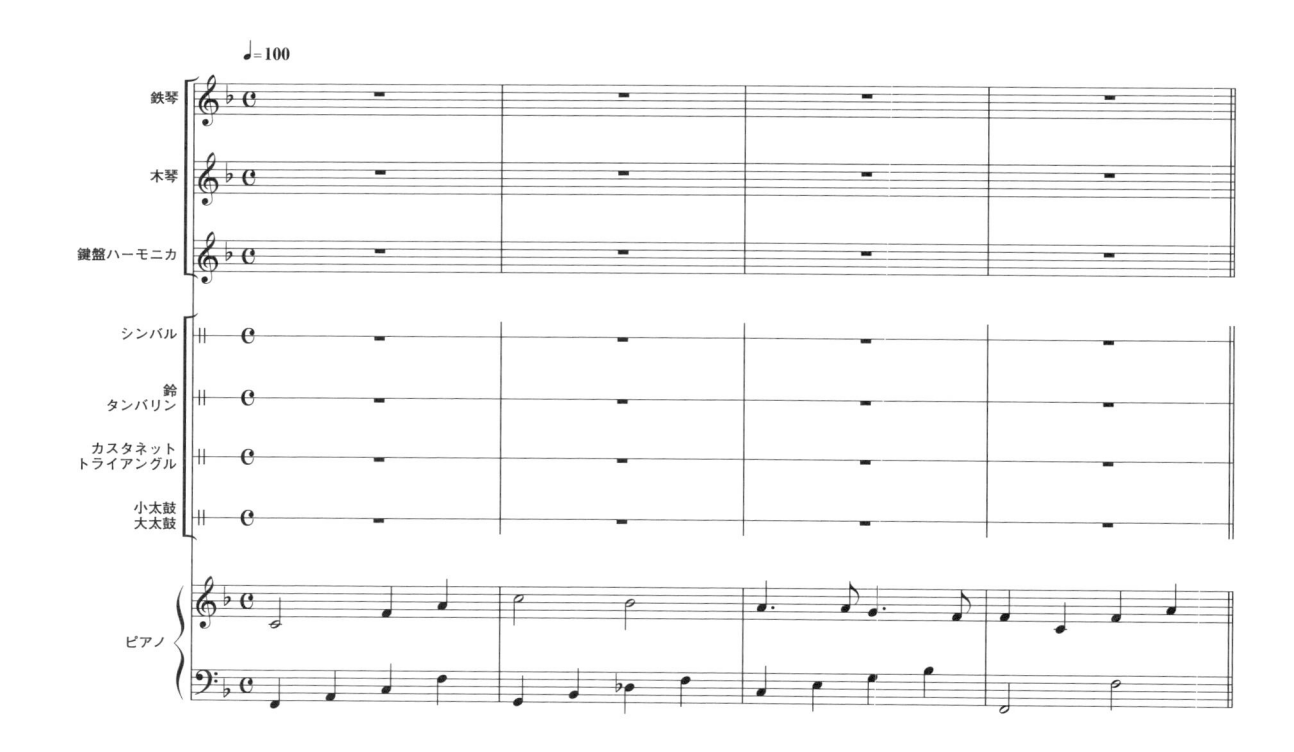

作詞／作曲：杉本竜一

演奏のポイント

メロディを鉄琴、木琴、鍵盤ハーモニカの順に演奏します。演奏を待っている間、心の中で歌い、演奏する際にスムーズにつなげられるようにしましょう。
「♪アイビリーブ〜」がサビです。歌詞の内容から考えると、打楽器は深い音が求められます。前に押し出すような打ち方で表現しましょう。

クラスに合わせたアレンジ

4歳児はピアノ伴奏のメロディ部分を鍵盤ハーモニカや鉄琴で、左手伴奏を木琴で演奏してみましょう。
また、タンバリンとトライアングルのパートを鈴やカスタネットに変えると、2歳児でも演奏できます。

使用楽器: 鉄琴 x1〜、木琴 x1〜、鍵盤ハーモニカ x5〜、シンバル x1〜、鈴 x2〜、タンバリン x2〜、カスタネット x2〜、トライアングル x1〜、小太鼓 x1〜、大太鼓 x1〜

ビリーブ

1. たとえばきみがー　きずついて　くじけそうに　なったときは
2. もしもだれかがき　みのそばで　なきだしそう　なったときは

かならずぼくが　そばにいて　ささえてあげるよ　そのかたを
だまーってうでを　とりながら　いっしょにあるいて　くれるよね

ビリーブ

ビリーブ

ビリーブ

ビリーブ

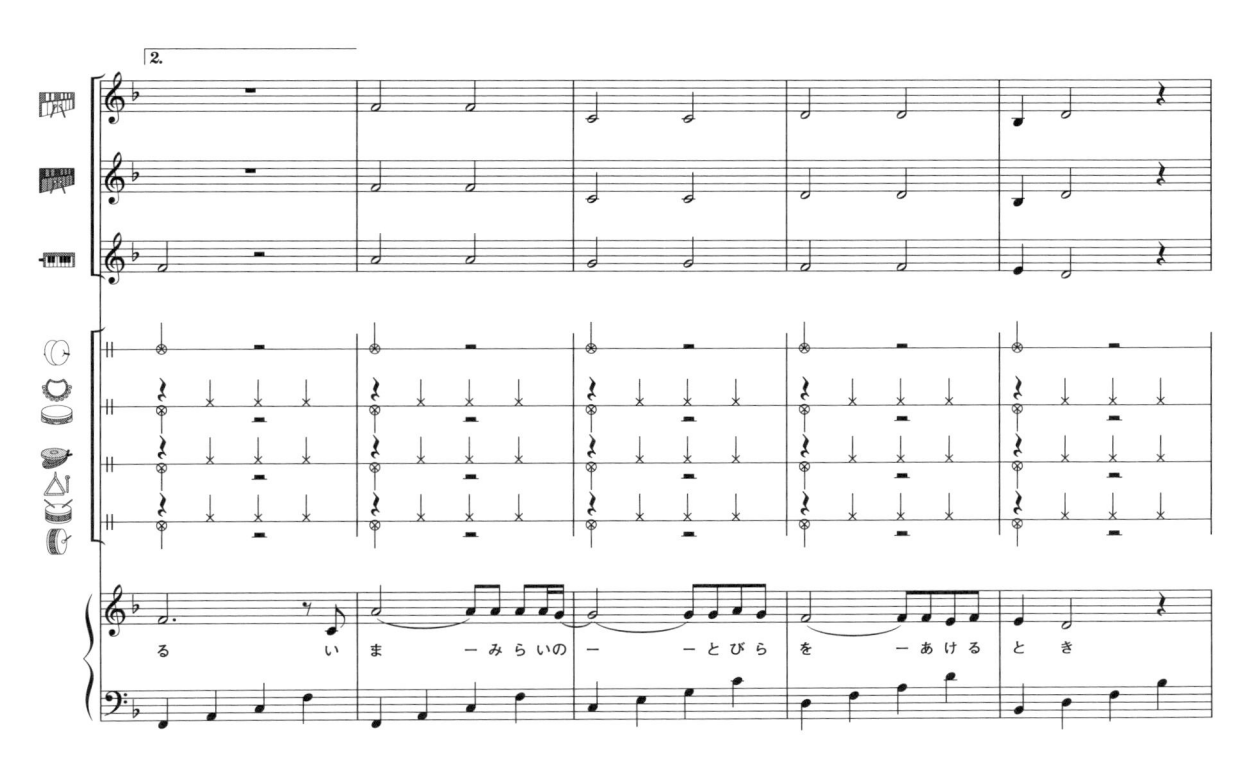

ひまわりの約束

作詞／作曲：秦 基博

演奏のポイント

最初は鉄琴、木琴でメロディを柔らかくつないでいき、次に鍵盤ハーモニカの演奏でサビに進みます。サビでは全ての楽器が出そろいます。深い音で響かせ、やさしいだけでなく、壮大に仕上げましょう。

クラスに合わせたアレンジ

5歳児はピアノ伴奏の左手和音を鍵盤ハーモニカで吹くグループが合ってもいいかもしれません。
また、鉄琴、木琴の二分音符を鍵盤ハーモニカで吹くと3歳児でも演奏できます。

使用楽器: 鉄琴 x1〜 / 木琴 x3〜 / 鍵盤ハーモニカ x5〜 / シンバル x1〜 / 鈴 x3〜 / タンバリン x2〜 / カスタネット x3〜 / トライアングル x2〜 / 小太鼓 x1〜 / 大太鼓 x1〜

1. どうして きみがなくの まだ ぼくもないていな いのに
2. とおくで ともるみらい もし もぼくらがはな れても

ひまわりの約束

ひまわりの約束

ひまわりの約束

ひまわりの約束

ひまわりの約束

風になりたい

作詞／作曲：宮沢和史

演奏のポイント

原曲はサンバのピアノ伴奏が特徴です。ですが、幼児ですと合わせにくいと考え、あえて縦のリズムで合わせやすいようにアレンジしました。小太鼓はサンバ風ですので、はつらつと強調してみましょう。ホイッスルを入れると、よりサンバ風になります。

クラスに合わせたアレンジ

5歳児は木琴のパートも鍵盤ハーモニカを加えて、にぎやかに楽しみましょう。
また、メロディ楽器が難しい場合は、ウッドブロックなど打楽器を増やして雰囲気を出しましょう。

使用楽器
- 鉄琴 ×2〜
- 木琴 ×3〜
- 鍵盤ハーモニカ ×5〜
- シンバル ×1〜
- 鈴 ×3〜
- タンバリン ×3〜
- カスタネット ×3
- トライアングル ×2〜
- 小太鼓 ×2〜
- 大太鼓 ×1〜

風になりたい

風になりたい

なにひーとつい いことー なかったこの
なにひーとつい いことー なかったこの
まちにー しずみーゆくた いようーおいこ
まちにー なみだーふらす くもをーつきぬ

風になりたい

風になりたい

風になりたい

銀河鉄道 999

作詞：奈良橋陽子・山川啓介／作曲：タケカワユキヒデ

演奏のポイント

テンポが速く、終盤に拍子が 4/4 → 2/4 → 4/4 と変わります。常に ♩ を意識することが楽器を演奏しない時も必要となります。また、タイも多く、細かいリズム感も要求されます。
メロディもハ長調→変イ長調→ハ長調と、中間部が転調します。ここが、この曲の宇宙をイメージする不思議感をかもしだしているので、メロディアスに演奏しましょう。

クラスに合わせたアレンジ

5歳児なら、ピアノ伴奏のメロディを鍵盤ハーモニカと鉄琴で、左手伴奏を木琴で演奏してみましょう。
また難しい場合は、鍵盤ハーモニカはピアノ伴奏の左手の和音からとります。カスタネットと小太鼓のリズムは四分音符に、他の小打楽器はトリルをとるなど、工夫してみましょう。

使用楽器： 鉄琴 x1〜、木琴 x2〜、鍵盤ハーモニカ x6〜、シンバル x1〜、鈴 x3〜、タンバリン x3〜、カスタネット x3〜、トライアングル x3〜、小太鼓 x1〜、大太鼓 x1〜

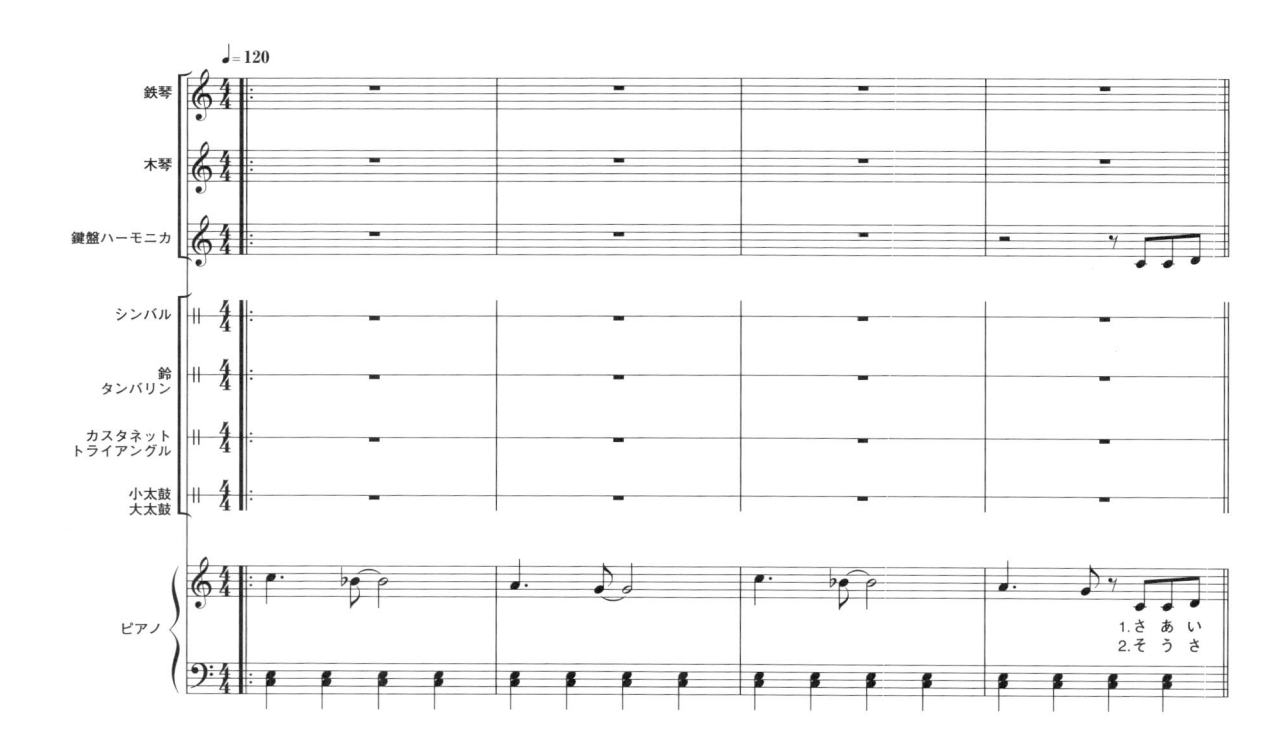

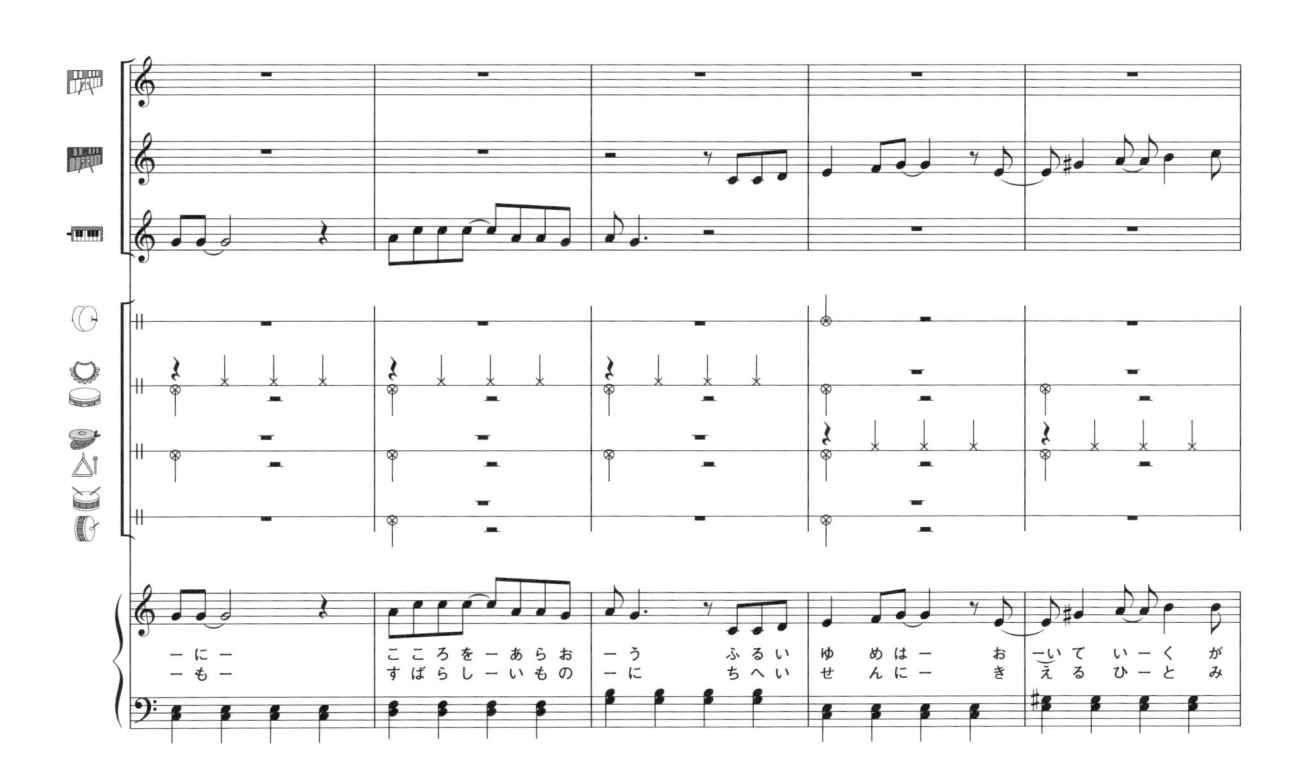

銀河鉄道999

銀河鉄道999

銀河鉄道999

銀河鉄道 999

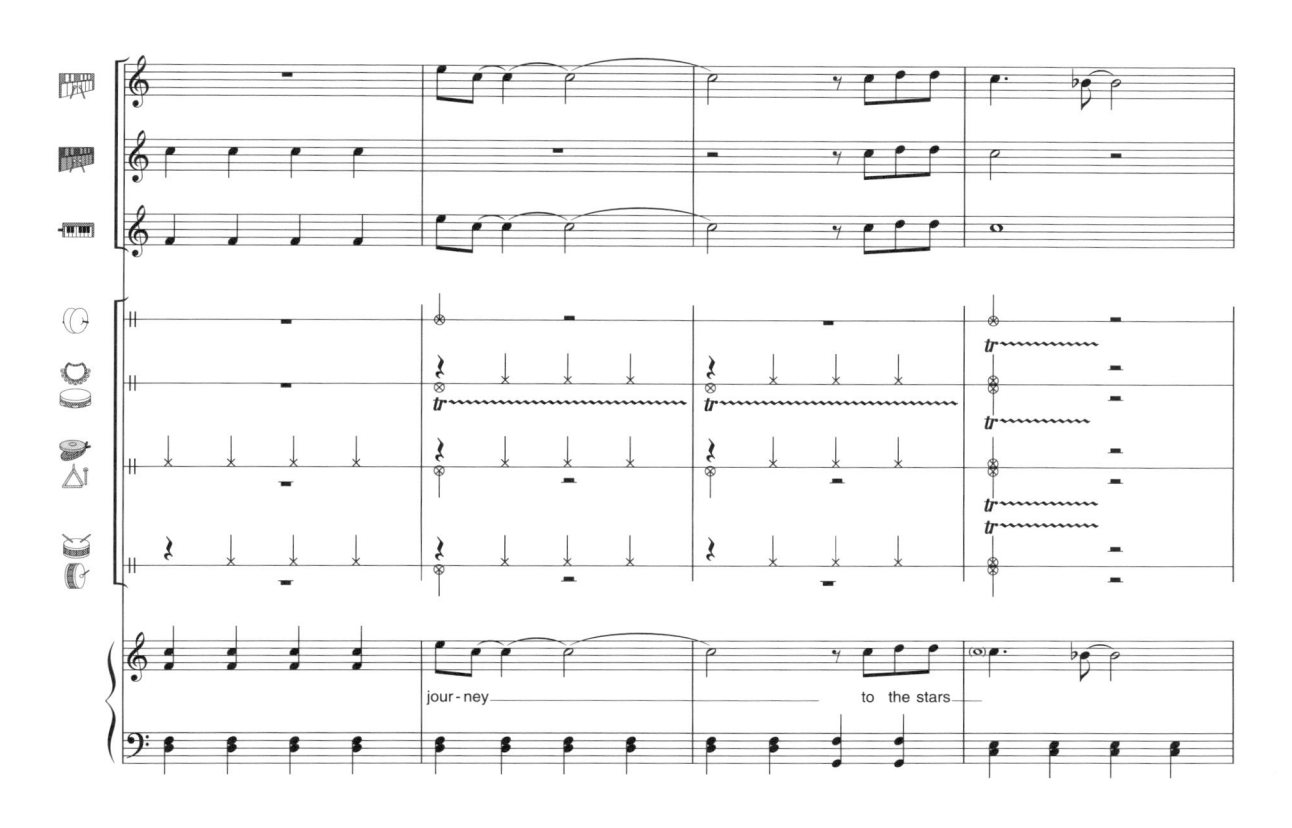

銀河鉄道999

あしたははれる

作詞／作曲：坂田おさむ

演奏のポイント

軽快なリズムが特徴です。打楽器がそのフォローをします。ガチャガチャとうるさくならないように、軽く音を奏でましょう。鉄琴はメロディの一端を補っています。楽器があれば、鉄琴は2名以上いると心強いですね。

クラスに合わせたアレンジ

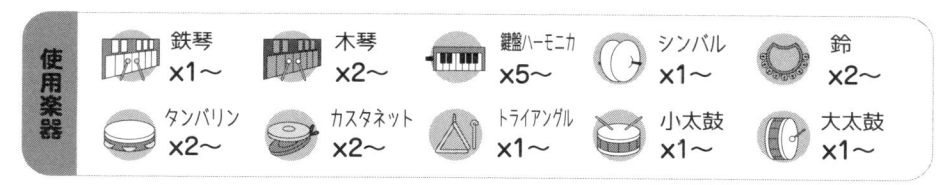

合唱が入れば3歳児でも演奏できます。その場合は、打楽器のみで演奏します。シンバル、大太鼓がなくても成立しますので、クラス状況に合わせてプランを立ててください。

使用楽器: 鉄琴 x1〜 / 木琴 x2〜 / 鍵盤ハーモニカ x5〜 / シンバル x1〜 / 鈴 x2〜 / タンバリン x2〜 / カスタネット x2〜 / トライアングル x1〜 / 小太鼓 x1〜 / 大太鼓 x1〜

あしたははれる

あしたははれる

あしたははれる

あしたははれる

ジュピター～組曲「惑星」より～

作曲：HOLST GUSTAV

演奏のポイント

壮厳なメロディが広く響いてきます。鍵盤ハーモニカは大きく深く息を吸いましょう。メインテーマが2回繰り返されます。単調にならないように2回目は少しゆったりと、より丁寧に演奏しましょう。

クラスに合わせたアレンジ

クラスの人数が多ければ、鍵盤ハーモニカを2グループに分け、交互にメロディを演奏して音を厚くしましょう。その場合は、木琴が鉄琴の音を演奏しても良いです。

使用楽器

楽器	数量
鉄琴	x1～
木琴	x2～
鍵盤ハーモニカ	x5～
シンバル	x1～
鈴	なし
タンバリン	x3～
カスタネット	なし
トライアングル	x2～
小太鼓	x1～
大太鼓	x1～

ジュピター〜組曲「惑星」より〜

ジュピター〜組曲「惑星」より〜

ジュピター〜組曲「惑星」より〜

ジュピター〜組曲「惑星」より〜

天国と地獄

作曲：OFFENBACH JACQUES AUGUSTE IGNAC

演奏のポイント

とてもテンポの速い、軽快な曲です。メロディを異なる楽器でつなげる場合、難しいようでしたら同じ楽器で区切りのよいフレーズまで演奏しても良いでしょう。最初はゆっくり丁寧に、少しずつテンポを上げ、理想の速さを目指しましょう。

クラスに合わせたアレンジ

5歳児は打楽器を増やし、速さに挑戦し、強調しても面白いですね。
また、難しい場合に、メロディ楽器を外し、ピアノを原曲に近くし、音を厚くします。打楽器も大太鼓を外し、小打楽器で軽快さをアピールしても良いです。

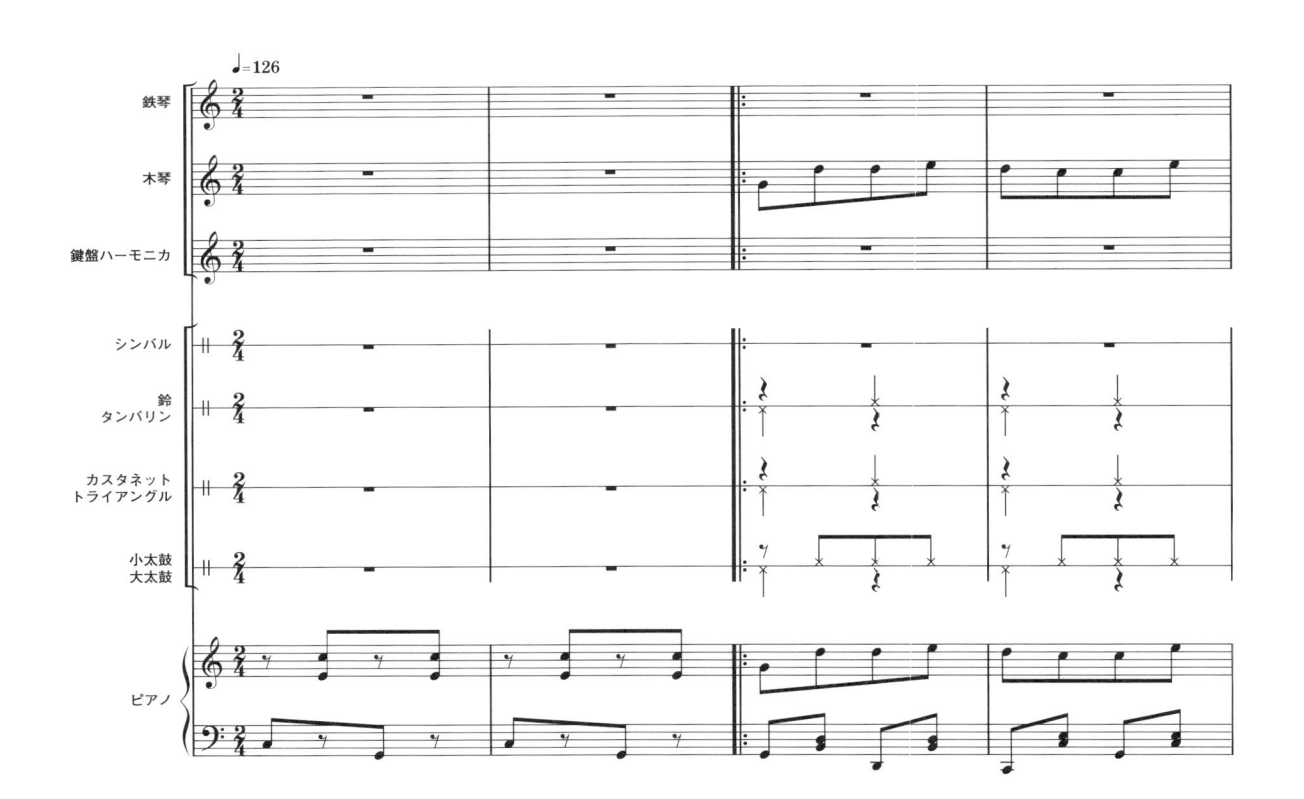

使用楽器: 鉄琴 x1〜 / 木琴 x2〜 / 鍵盤ハーモニカ x5〜 / シンバル x1〜 / 鈴 x3〜 / タンバリン x2〜 / カスタネット x3〜 / トライアングル x1〜 / 小太鼓 x1〜 / 大太鼓 x1〜

天国と地獄

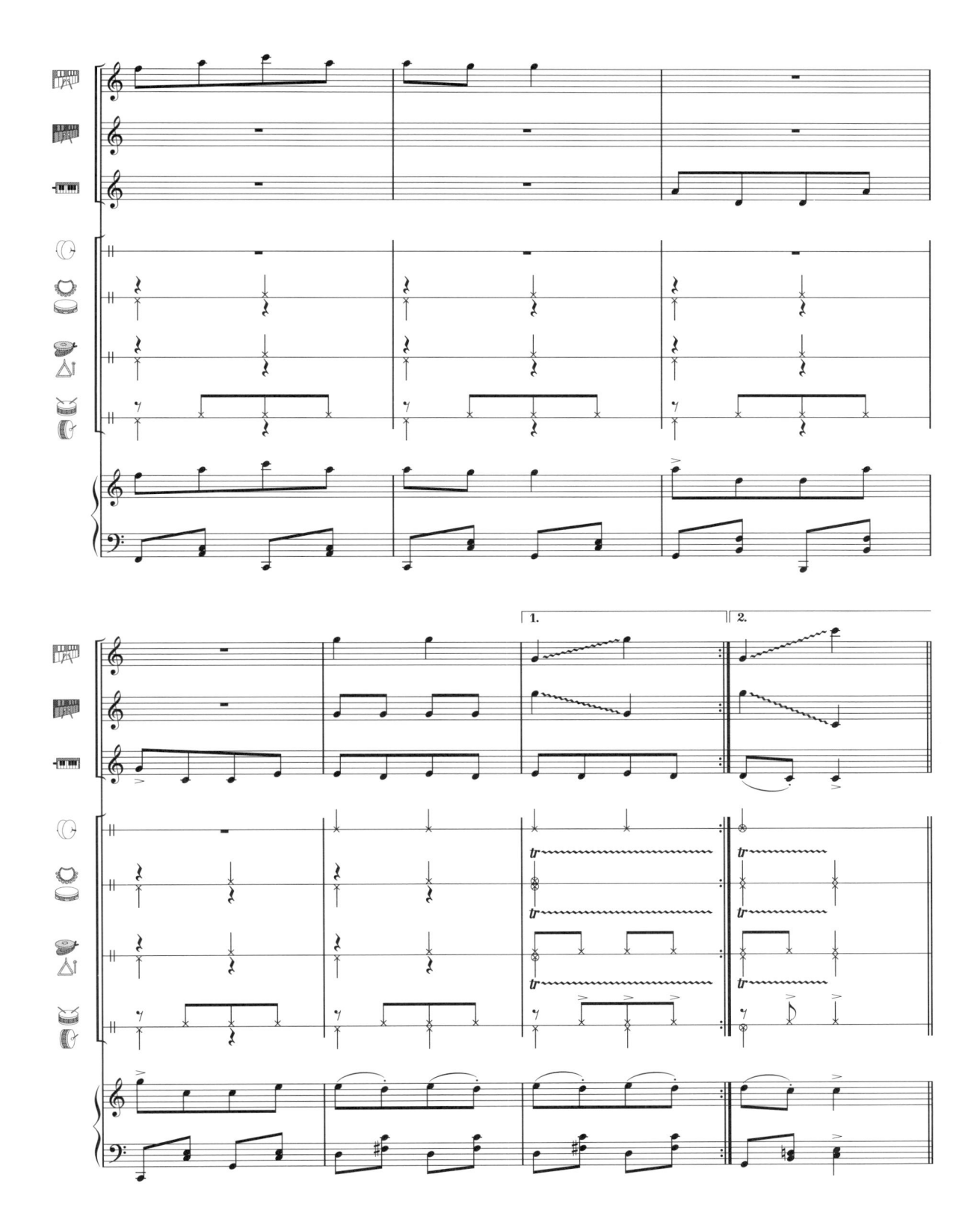

天国と地獄

天国と地獄

天国と地獄

天国と地獄

ハンガリー舞曲 第5番

作曲：BRAHMS JOHANNES

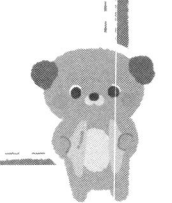

演奏のポイント

何と言っても、幾度となく変わる速度表示が特徴で、合奏において一番難しいことです。指揮者からの合図をしっかり見て確認しましょう。大きなフレーズごとに練習して、つなげていく練習方法でも良いでしょう。

クラスに合わせたアレンジ

5歳児はメロディ楽器を16分音符で挑戦してみましょう。
また、難しい場合は、鍵盤ハーモニカを木琴のパートを2つに分けて演奏しても良いでしょう。

使用楽器：
- 鉄琴 ×1〜
- 木琴 ×2〜
- 鍵盤ハーモニカ ×5
- シンバル ×1〜
- 鈴 ×3〜
- タンバリン ×3〜
- カスタネット ×3〜
- トライアングル ×1〜
- 小太鼓 ×1〜
- 大太鼓 ×1〜

ハンガリー舞曲 第5番

ハンガリー舞曲 第5番

ハンガリー舞曲 第5番

ハンガリー舞曲 第5番

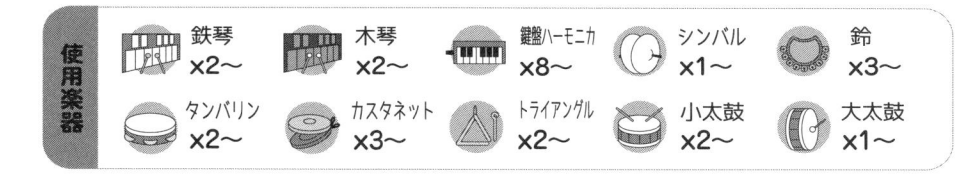

みんなともだち

作詞／作曲：中川ひろたか

演奏のポイント

中間部の「♪みんないっしょに～」は鍵盤ハーモニカと木琴のメロディの掛け合いです。木琴の台数が少ない場合は鉄琴が加わっても良いですね。※②から鍵盤ハーモニカと木琴もメロディを演奏して、音に厚みを付けていきましょう。
最後の３小節の打楽器は少し強めでも構いませんので、ピシッと決めましょう。

クラスに合わせたアレンジ

５歳児は鍵盤ハーモニカでピアノ伴奏のメロディを弾きましょう。
また、難しい場合は、鍵盤ハーモニカはピアノ伴奏の左手の音を弾くと良いです。

使用楽器:
- 鉄琴 x2～
- 木琴 x2～
- 鍵盤ハーモニカ x8～
- シンバル x1～
- 鈴 x3～
- タンバリン x2～
- カスタネット x3～
- トライアングル x2～
- 小太鼓 x2～
- 大太鼓 x1～

みんなともだち

みんなともだち

みんなともだち

えをかい た　　　　みんないっしょに
ロボットをつくっ

おさんぽをし た　　　　みんないっしょに
かけっこをし

みんなともだち

みんなともだち

みんなともだち

ともだちはいいもんだ

作詞：岩谷時子／作曲：三木たかし

演奏のポイント

壮大な曲に仕上がります。少しずつクライマックスに向います。鍵盤ハーモニカと木琴で、終盤にメロディをハモります。キレイに聞こえるよう、お互いの音をよく聴きながら練習をしましょう。

クラスに合わせたアレンジ

クラスの人数が多ければ、木琴のパートに鍵盤ハーモニカを加えても良いです。メロディ楽器が増えると、重く聞こえがちですので、鉄琴やトライアングルを増やし、音の広がりを出しましょう。

使用楽器: 鉄琴 x1〜、木琴 x2〜、鍵盤ハーモニカ x5〜、シンバル x1〜、鈴 x2〜、タンバリン x2〜、カスタネット x2〜、トライアングル x1〜、小太鼓 x1〜、大太鼓 x1〜

ともだちはいいもんだ

ともだちはいいもんだ

ともだちはいいもんだ

ありがとう・さようなら

作詞：井出隆夫／作曲：福田和禾子

演奏のポイント

メロディアスな曲です。打楽器は最小限に絞りました。鈴のトリルは優しく振りましょう。トライアングルも遠くに響かせるように鳴らしましょう。
大太鼓は大きくならないよう、深い音を鳴らせるように練習してください。

クラスに合わせたアレンジ

鍵盤ハーモニカの台数があれば、木琴のメロディを弾くと、音に厚みが出ます。
合唱が入るなら、歌を生かすために、鉄琴のパートを他の楽器で演奏しても良いでしょう。

使用楽器
- 鉄琴 x1〜
- 木琴 x2〜
- 鍵盤ハーモニカ x5〜
- シンバル x1〜
- 鈴 x2〜
- タンバリン なし
- カスタネット なし
- トライアングル x1〜
- 小太鼓 なし
- 大太鼓 x1〜

ありがとう・さようなら

ありがとう・さようなら

ありがとう・さようなら

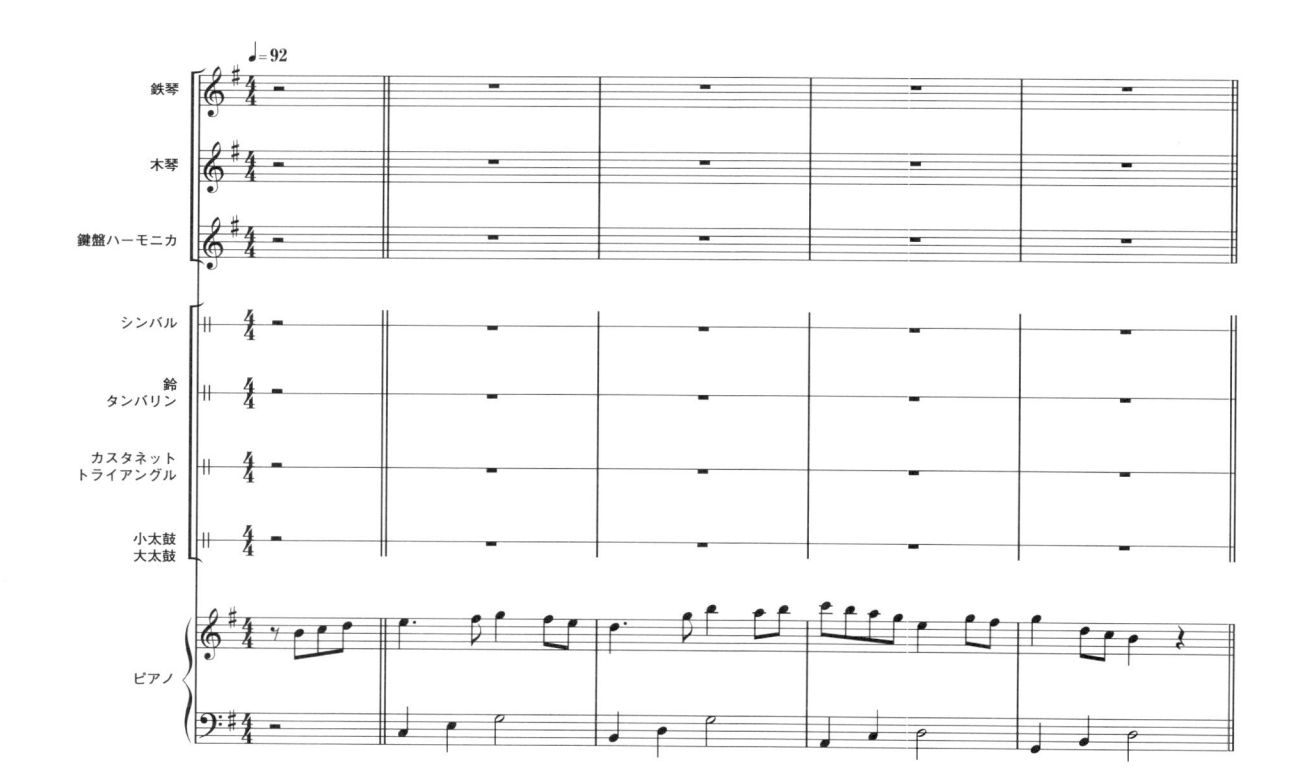

よろこびのうた

作詞／作曲：小見山葉子

演奏のポイント

楽器を歌同様に【こども＝鍵盤ハーモニカ】、【親＝木琴】、【先生＝鉄琴】など役割分担しても良いですね。全体的に切々と進みますが、最後の「♪おおきくあるきはじめて〜」で段々ゆっくり、少し強く音を出しましょう。打楽器のトリルは難しいので、カスタネットの2拍目を合図に止めると良いでしょう。

クラスに合わせたアレンジ

5歳児の木琴はピアノ左手伴奏を演奏しましょう。また、難しい場合は、メロディ楽器はピアノ左手伴奏の音を参考にしましょう。

使用楽器

鉄琴 x2〜	木琴 x2〜	鍵盤ハーモニカ x5〜	シンバル x1〜	鈴 x2〜
タンバリン x2〜	カスタネット x2〜	トライアングル x2〜	小太鼓 x1〜	大太鼓 x1〜

よろこびのうた

(子)おかあさん たち みてみて きょうは うれしうれしい そつえんしき

こんなにおおきく なりました もうすぐいちねんせい

よろこびのうた

よろこびのうた

よろこびのうた

(先生)せんせいたちも わすれない げんきなかわいい あなたたち いつまでも いつまでも こころのなかに

よろこびのうた

よろこびのうた

よろこびのうた

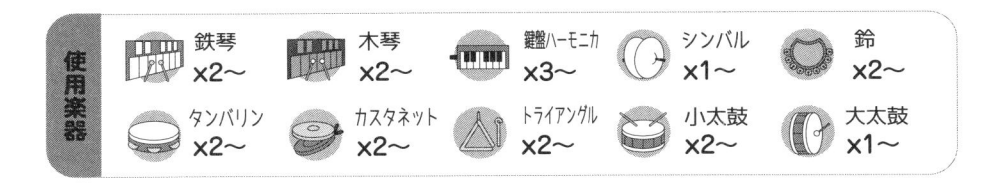

ともだちになるために

作詞：新沢としひこ／作曲：中川ひろたか

演奏のポイント

メロディは繰り返しとなります。実は音楽は同じことの繰り返しが難しいのです。単調になったり、テンポが乱れたり、こどもの練習中の気持ちも集中力に欠けたり…。是非、歌詞に出てくる「きみ」は、その都度違う人を思い浮かべ、大切に音を鳴らし、皆の気持ちを一つにするように伝えてください。

クラスに合わせたアレンジ

5歳児の鍵盤ハーモニカはピアノ伴奏のメロディを弾きましょう。
また、小打楽器で休符を待つのが難しい場合は、単調なリズムにしても良いです。

使用楽器: 鉄琴 x2〜 / 木琴 x2〜 / 鍵盤ハーモニカ x3〜 / シンバル x1〜 / 鈴 x2〜 / タンバリン x2〜 / カスタネット x2〜 / トライアングル x2〜 / 小太鼓 x2〜 / 大太鼓 x1〜

ともだちになるために

ともだちになるために

ともだちになるために

さよならぼくたちのほいくえん

作詞：新沢としひこ／作曲：島筒英夫

演奏のポイント

想いがこもる名曲なので、気持ちが入り過ぎてテンポが走りがちになりやすいです。前半は淡々と打楽器も音量を抑え気味に。後半から打楽器の活躍です。2カッコが曲のピークです。最後は壮厳になるように。
メロディの中心の鍵盤ハーモニカの台数が少ない場合は1番を楽器で、2番は合唱が加わっても良いです。

クラスに合わせたアレンジ

5歳児の鍵盤ハーモニカは、ピアノ伴奏のメロディを弾きましょう。
また、難しい場合、鍵盤ハーモニカは鉄琴の音を弾いても良いです。

使用楽器: 鉄琴 x2〜 / 木琴 x2〜 / 鍵盤ハーモニカ x8〜 / シンバル x1〜 / 鈴 x3〜 / タンバリン x2〜 / カスタネット x3〜 / トライアングル x2〜 / 小太鼓 x2〜 / 大太鼓 x1〜

さよならぼくたちのほいくえん

さよならぼくたちのほいくえん

さよならぼくたちのほいくえん

人気曲、聴かせたい曲が盛りだくさん！	**園で使える やさしい器楽合奏大全集**　定価（本体2000円＋税）

編著者	芦川登美子
表紙デザイン・イラスト	オングラフィクス
発行日	2015年3月30日　第1刷発行
	2024年1月30日　第9刷発行
編集人	真崎利天
発行人	竹村欣治
発売元	株式会社自由現代社
	〒171-0033　東京都豊島区高田3-10-10-5F
	TEL03-5291-6221/FAX03-5291-2886
	振替口座 00110-5-45925
ホームページ	http://www.j-gendai.co.jp

皆様へのお願い

楽譜や歌詞・音楽書などの出版物を権利者に無断で複製（コピー）することは、著作権の侵害（私的利用など特別な場合を除く）にあたり、著作権法により罰せられます。また、出版物からの不法なコピーが行なわれますと、出版社は正常な出版活動が困難となり、ついには皆様方が必要とされるものも出版できなくなります。音楽出版社と日本音楽著作権協会（JASRAC）は、著作権の権利を守り、なおいっそう優れた作品の出版普及に全力をあげて努力してまいります。
どうか不法コピーの防止に、皆様方のご協力をお願い申し上げます。

株式会社自由現代社
一般社団法人 日本音楽著作権協会
（JASRAC）

JASRACの承認に依り許諾証紙張付免除

JASRAC　出 1501976-309
（許諾番号の対象は、当該出版物中、当協会が許諾することのできる出版物に限られます。）

ISBN978-4-7982-2023-9

●本書で使用した楽曲は、内容・主旨に合わせたアレンジによって、原曲と異なる又は省略されている箇所がある場合がございます。予めご了承ください。
●無断転載、複製は固くお断りします。●万一、乱丁・落丁の際はお取り替え致します。